메시지 | 욥기

KB214774

THE MESSAGE: Job

Eugene H. Peterson

The
MESSAGE
욥기

유진 피터슨

복 있는 사람

메시지 | 욥기

2019년 6월 20일 초판 1쇄 발행
2022년 4월 11일 초판 2쇄 발행

지은이 유진 피터슨
옮긴이 김순현 윤종석 이종태
감수자 김회권
펴낸이 박종현

(주) 복 있는 사람
주소 서울특별시 마포구 연남동 246-21(성미산로23길 26-6)
전화 02-723-7183(편집), 7734(영업·마케팅) 팩스 02-723-7184
이메일 hismessage@naver.com
등록 1998년 1월 19일 제1-2280호

ISBN 978-89-6360-298-1 00230

이 도서의 국립중앙도서관 출판예정도서목록(CIP)은 서지정보유통지원시스템 홈페이지(http://
seoji.nl.go.kr)와 국가자료공동목록시스템(http://www.nl.go.kr/kolisnet)에서 이용하실 수 있습
니다. (CIP 제어번호: 2019021752)

THE MESSAGE: Job
by Eugene H. Peterson

Originally published in English in the USA under the title
THE MESSAGE by Eugene H. Peterson
Copyright © 2002 by Eugene H. Peterson, All rights reserved.
THE MESSAGE Numbered Edition copyright © 2005
Korean edition © 2019 by The Blessed People Publishing Co., Seoul, Republic of Korea,
All rights reserved.
Licensed with permission of NavPress. Represented by Tyndale House Publishers, Inc.,
Carol Stream, Illinois 60188, USA.
License arranged through rMaeng2, Seoul, Republic of Korea.

THE MESSAGE and *THE MESSAGE* logo are trademarks of Navpress. Used by permission.
All rights reserved.

차례

일러두기

- 유진 피터슨의 『메시지』 영어 원문을 번역하면서, 한국 교회의 실정과 환경을 고려하여 『메시지』 한글 번역본의 극히 일부분을 의역하거나 문장과 용어를 바꾸었다.
- 유진 피터슨은 『메시지』 영어 원문에서, 유일무이한 하나님의 인격적 이름을 주(LORD) 대신에 대문자 GOD로 번역했다. 따라서 『메시지』 한국어판은 많은 논의와 신학 감수를 거쳐, 원저자의 의도를 반영해 '주'(LORD) 대신에 강조체 '**하나님**'(GOD)으로 표기했다.
- 지명, 인명은 대한성서공회에서 발행한 「개역개정」「새번역」 성경의 원칙을 따랐다.

『메시지』를 읽는 독자에게

『메시지』에 독특한 점이 있다면, 현직 목사가 그 본문을 다듬었기 때문일 것이다. 나는 성경의 메시지를 내가 섬기는 사람들의 삶 속에 들여놓는 것을 내게 주어진 일차적 책임으로 받아들이고 성인 인생의 대부분을 살아왔다. 강단과 교단, 가정 성경공부와 산상수련회에서 그 일을 했고, 병원과 양로원에서 대화하면서, 주방에서 커피를 마시고 바닷가를 거닐면서 그 일을 했다. 『메시지』는 40년간의 목회 사역이라는 토양에서 자라난 열매다.

인간의 삶을 만들고 변화시키는 하나님의 말씀은, 내가 『메시지』 작업을 하는 동안 정말로 사람들의 삶을 만들고 변화시켰다. 우리 교회와 공동체라는 토양에 심겨진 말씀의 씨앗은, 싹을 틔우고 자라서 열매를 맺었다. 현재의 『메시지』를 작업할 무렵에는, 내가 수확기의 과수원을 누비며 무성한 가지에서 잘 영근 사과며 복숭아며 자두를 따고 있다는 기분이 들곤 했다. 놀랍게도 성경에는, 내가 목회하는 성도며 죄인인 사람들이 살아 낼 수 없는 말씀, 이 나라와 문화 속에서 진리로 확증되지 않는 말씀이 단 한 페이지도 없었다.

내가 처음부터 목사였던 것은 아니다. 원래 나는 교사의 길에 들어서서, 몇 년간 신학교에서 성경 원어인 히브리어와 그리스어를 가르쳤다. 남은 평생을 교수와 학자로 가르치고 집필하고 연구하며 살겠거니 생각했었다. 그러다 갑자기 직업을 바꾸어 교회 목회를 맡게 되었다.

뛰어들고 보니, 교회는 전혀 다른 세계였다. 제일 먼저 눈에 띈 차이는, 아무도 성경에 별로 관심이 없어 보인다는 점이었다. 얼마 전까지만 해도, 사람들은 내게 돈을 내면서까지 성경을 가르쳐 달라고 했는데 말이다. 내가 새로 섬기게된 사람들 중 다수는, 사실 성경에 대해 아무것도 몰랐다. 성경을 읽은 적도 없었고, 배우려는 마음조차 없었다. 성경을 몇 년씩 읽어 온 사람들도 많았지만, 그들에게 성경은 너무 익숙해서 무미건조하고 진부한 말로 전락해 있었다. 그들은 지루함을 느낀 나머지 성경을 제쳐 둔 상태였다. 그 양쪽 사이에 있는 사람은 많지 않았다. 내가 가장 중요하게 여긴 일은, 성경 말씀을 그 사람들의 머리와 가슴 속에 들여놓아서, 성경의 메시지가 그들의 삶이 되게 하는 것이었다. 그러나 거기에 관심을 갖는 사람은 거의 없었다. 신문과 잡지, 영화와 소설이 그들 입맛에 더 맞았다.

결국 나는, 바로 그 사람들에게 성경의 메시지를 듣게—정말로 듣게—해주는 일을 내 평생의 본분으로 삼게 되었다. 그것이야말로 확실히 나를 위해 예비된 일이었다.

나는 성경의 세계와 오늘의 세계라는 두 언어 세계에 살고 있었다. 나는 언제나 그 두 세계가 같은 세계인 줄 알았다. 그러나 사람들은 그렇게 보지 않았다. 나는 어쩔 수 없이 "번역가"(당시에는 그런 표현을 쓰지 않았지만)가 되었다. 날마다 그 두 세계의 접경에 서서, 하나님이 우리를 창조하시고 구원하시고 치유하시고 복 주시고 심판하시고 다스리실 때 쓰시는 성경의 언어를, 우리가 잡담하고 이야기하고 길을 알려 주고 사업하고 노래 부르고 자녀에게 말할 때 쓰는 오늘의 언어로 옮긴 것이다.

그렇게 하는 동안, 성경의 원어—강력하고 생생한 히브리어와 그리스어—는 끊임없이 내 설교의 물밑에서 작용했다. 성경의 원어는 단어와 문장을 힘 있고 예리하게 해주고, 내가 섬기는 사람들의 상상력을 넓혀 주었다. 그래서 오늘의 언어 속에서 성경의 언어를 듣고, 성경의 언어 속에서 오늘의 언어를 들을 수 있게 해주었다.

나는 30년간 한 교회에서 그 일을 했다. 그러던 어느 날 (1990년 4월 30일이었다), 한 편집자가 내게 편지를 보내 왔다. 그동안 내가 목사로서 해온 일의 연장선에서 새로운 성경 번역본을 집필해 달라는 청탁의 편지였다. 나는 수락했다. 그 후 10년은 수확기였다. 그 열매가 바로 『메시지』다.

『메시지』는 읽는 성경이다. 기존의 탁월한 주석성경을 대체하기 위한 것이 아니다. 내 취지는 간단하다. (일찍이 우리 교회와 공동체에서도 그랬듯이) 성경이 충분히 읽을 수 있는 책이라는 사실을 모르는 사람들에게 성경을 읽게 해주고, 성경에 관심을 잃은 지 오래된 사람들에게 성경을 다시 읽게 해주는 것이다. 그렇다고 굳이 내용을 쉽게 하지는 않았다. 성경에는 이해하기 어려운 부분도 많이 있다. 그래서 『메시지』를 읽다 보면, 더 깊은 연구에 도움이 될 주석성경을 구하는 일이 조만간 중요하게 여겨질 것이다. 그때까지는, 일상을 살기 위해 읽으라. 읽으면서 이렇게 기도하라. "하나님, 말씀하신 대로 내게 이루어지기를 원합니다."

유진 피터슨

욥기 | 머리말

욥이 고난을 당했다. 그의 이름은 고난과 동의어로 쓰인다. 그가 물었다. "왜 그러십니까? 어째서 접니까?" 그 질문은 하나님을 향한 것이었다. 그의 질문은 끈질기고 열정적이며 호소력 있었다. 그는 침묵을 답변으로 여기지 않았고, 상투적인 말들을 답으로 받아들이지도 않았다. 하나님을 순순히 놓아 드리지 않았다.

그는 자신의 고난을 묵묵히 감내하거나 경건하게 감수하지 않았다. 다른 의견을 구하러 의사나 철학자를 찾아가지도 않았다. 그는 다만 하나님 앞에 버티고 서서 자신의 고난에 대해 강력하게 항의하고 또 항의했다.

> "내가 오직 원하는 것은 한 가지 기도 응답뿐,
> 내 마지막 간구를 들어주시는 것.
> 하나님이 나를 밟아 주셨으면, 벌레처럼 짓이겨
> 영원히 끝장내 주셨으면.
> 그러면 궁지에 몰린 나머지 한계선을 넘어
> 거룩하신 하나님을 모독하는 일은 없을 것이고

그나마 그것으로 만족할 수 있을 텐데.

내게 무슨 힘이 있어 희망을 붙들겠는가?

무슨 미래가 있어 계속 살아가겠는가?

내 심장은 강철로 만들어진 줄 아나?

내가 무쇠인간인가?

내가 자력으로 지금 상황을 이겨 나갈 수 있을 것 같은가?

아닐세. 난 더 이상 버틸 힘이 없네!"(욥 6:8-13)

욥이 우리에게 중요한 이유는 그가 고난을 당했을 뿐 아니라, 매우 중요한 영역인 가족과 건강과 물질적인 부분에서 우리와 똑같이 고난을 받았기 때문이다. 그리고 그는 자신의 고난에 대해 집요하게 질문을 던졌고 담대하게 항의했다. 그는 자신의 질문을 가지고 "최고책임자"에게 나아갔다.

❁

우리를 괴롭게 하는 것은 고난 자체가 아니다. "억울한" 고난이다.

다들 어릴 때 부모의 말을 듣지 않아 벌을 받은 적이 있을 것이다. 그 처벌이 우리의 잘못에 합당할 때 우리는 정당하다고 여기고 '잘못을 저지르면 벌을 받는구나' 하고 생각하게 된다.

그러나 우리는 나이가 들어 감에 따라, 우리가 저지르는 잘못의 크기와 우리가 겪는 고통의 강도가 정비례하지 않는다는 것을 깨닫고 놀라게 된다. 더 놀라운 사실은, 오히려 그와 정반대인 경우가 많다는 것이다. 옳은 일을 하고서 매를 맞기도 하고, 있는 힘껏 최선을 다하고 나서 보상을 기대하며 손을 내밀었다가 느닷없이 뒤통수를 얻어맞고 비틀거리며 쫓겨나기도 한다.

이것이 바로 우리를 당혹스럽게 하고, 더 나아가 분노하게 만드는 고난이다. 이런 고난이 욥에게 찾아와 그를 당혹스럽게 하고 분노하게 했다. 욥은 매사에 올바르게 처신했는데 어느 순간 갑자기 모든 것이 잘못되었다. 욥은 이 고난에 대해 목소리를 높여 하나님께 항의했다.

욥의 항변은 조리 있고 정곡을 찌르며 정직하다. 따라서 고난을 당해 본 사람이라면 누구나 욥의 목소리에서 자신의 고통을 들을 수 있다. 욥은 소심한 사람들이 차마 입 밖에 내지 못하는 내용들을 담대하게 말한다. 사람들의 내면에 혼란스럽게 뒤엉켜 있는 흐느낌을 시로 표현해 낸다. 많은 사람들이 속으로만 웅얼거리는 불평을 그는 하나님께 토해 낸다. 그는 좌절에 빠진 희생자이기를 거부한다.

"나는 아네, 하나님이 살아 계심을. 그분은 나를 되살려
주시는 분.
그분이 마침내 땅에 우뚝 서실 것이네.
나 비록 하나님께 호된 벌을 받았지만 그분을 뵐 것이네!
내 두 눈으로 직접 하나님을 뵐 것이야.

오, 어서 빨리 그날이 왔으면!"(욥 19:25-27)

욥이 하지 않는 행동도 주목해서 보아야 한다. 그래야 그가 의도하지 않은 것을 그에게서 찾는 일이 없을 것이다. 그의 아내는 하나님을 저주하고 죽으라고 했다. 하나님을 부인함으로써 고난의 문제 자체를 없애 버리라고 제안한 셈이다. 하지만 욥은 그렇게 하지 않았다. 그렇다고 해서 그가 고난을 해명하는 것도 아니다. 고난을 피할 수 있는 비결을 알려 주지도 않는다. 고난은 신비다. 욥은 그 신비를 존중하게 된다.

"그분은 내가 어디에 있으며 내가 무엇을 하는지 아신다네.
그분이 아무리 철저히 나를 시험하셔도,
나는 영예롭게 그 시험에 합격할 걸세.
나는 가까이에서 그분을 따랐고 그분의 발자취를 좇았네.
한 번도 그분의 길에서 벗어나지 않았네.
나는 그분의 말씀을 모두 지켰고
그분의 조언을 따랐으며 그것을 소중히 간직했네.

그러나 그분은 절대 주권자시니 누가 그분께 따질 수 있
겠는가?
원하는 일을 원하실 때 행하시는 분이 아닌가.
그분은 나에 대해 정하신 일을 빠짐없이 이루실 것이고
그 외에도 하고자 하시는 모든 일을 이루실 것이네.

그러니 그분 뵙기가 두려울 수밖에 없지 않겠는가?
생각만 해도 두려워지는구나"(욥 23:10-15).

고난에 직면하여 의문을 제기하다 고난을 존중하기에 이르
는 과정에서 욥은 자신이 더 큰 신비, 곧 하나님의 신비 안
에 놓여 있음을 깨닫는다. 어쩌면 고난의 가장 큰 신비는,
고난에 처한 사람이 넘치는 경이감과 사랑과 찬양을 안고
하나님 앞에 나아가 그분을 예배하게 된다는 사실일 것이
다. 고난이 매번 그런 결과를 낳지는 않지만, 그런 일은 생
각보다 훨씬 많다. 욥의 경우는 분명히 그렇다. 그가 빈정
대는 아내에게 한 말에도 심오한 역설과 받아들이기 어려운
우울한 진리가 담겨 있다. "우리가 하나님께 좋은 날도 받았
는데, 나쁜 날도 받는 게 당연하지 않소?"(욥 2:10)

그러나 욥기에는 욥만 등장하는 것이 아니다. 욥의 친구들
이 있다. 아파서 병원에 입원하거나, 친구가 죽어 상심하거
나, 일자리를 잃거나, 사귀던 사람과 헤어지거나, 우울증에
빠지거나, 당황하여 어쩔 줄 모르거나, 종류를 막론하고 곤
경에 처하는 순간, 사람들이 다가와 우리의 문제가 무엇이
고 어떻게 해야 나아질 수 있는지 설명하기 시작한다. 주검
에 독수리가 모이듯 고난당하는 사람들 주위에는 해결사들
이 모여든다. 처음에는 우리에게 신경 써 주는 그들이 그저

고맙고 어쩌면 그렇게 멋진 말들을 척척 내놓는지 놀라울 따름이다. 그들은 정말 아는 게 많다! 그들은 어떻게 그런 '생활의 전문가'가 되었을까?

그런 사람들은 대개 하나님의 말씀을 자주 인용하지만 어딘가 어설프다. 그럴듯한 영적 진단과 처방을 잔뜩 내놓는데, 그것을 듣고 난 다음에는 "다 나를 걱정해서 하는 말인 것 같은데, 왜 저들의 말을 듣고 나면 기분이 나빠지는 거지?" 하는 의문이 든다.

욥기는 고난의 위엄과 하나님이 우리의 고통 가운데 함께 하심을 알리는 증언인 동시에, 해명이나 "답변" 정도로 축소된 종교에 맞서 성경이 제시하는 주된 반론이다. 친구라는 사람들이 욥에게 내놓은 많은 답변이 형식적으로는 옳다. 그러나 바로 그 "형식적인" 측면 때문에 그들의 답변은 쓸모가 없어졌다. 그것은 인격적 관계가 없는 답변, 교감 없는 지성이다. 욥의 친구들은 표본병에 라벨을 붙이듯 황폐해진 욥의 인생에 답변을 붙였다. 욥은 하나님이 살아 역사하시는 현실과 동떨어진 그들의 세속화된 지혜에 몹시 화를 낸다.

"자네들 말은 이제 물릴 만큼 들었네.
그것도 위로라고 하는 건가?
그 장황한 연설은 끝도 없는가?
무슨 문제가 있기에 그렇게 계속 지껄이는가?
자네들이 내 처지라면

나도 자네들처럼 말할 수 있겠지.
끔찍한 장광설을 그러모아
지겹도록 들려줄 수 있을 걸세.
하지만 난 절대로 그렇게 하지 않을 거야. 격려하고 위로
하고
안심시키는 말을 할 걸세. 복장 터지게 하는 말이 아니
라!"(욥 16:1-5)

어느 시대에나 "건강, 부, 지혜"를 보장하는 생활방식을 가
르쳐 주겠다고 장담하는 사람들이 있다. 그들은 지적이고
도덕적인 삶이 고난을 막아 준다고 선전한다. 그들의 관점
에서 보면, 꼭 필요한 지적·도덕적 답변들을 제공해 줄 수
있는 그들을 곁에 둔 우리는 운이 좋은 사람들이다.

우리 앞에 나타나 이렇게 생각하고 저렇게 행동하기만 하
면 만사가 잘될 것이라고 말하는 친절한 사람들의 진부한
말을 믿고 엉뚱한 길로 내달렸던 경험이 다들 한 번씩은 있
을 것이다. 이런 우리를 대신해서 욥은 번민에 찬 답변을 내
놓는다. 그는 하나님에 대해 속속들이 알고 있다는 투의 조
언과 모든 상황을 그럴듯하게 설명해 내는 가르침을 거부한
다. 욥의 정직한 항변은 장황한 종교적 잡설과 긍정적 사고
를 주창하는 자들의 판에 박힌 말을 반박할 최고의 답변이
며, 이 사실은 지금도 유효하다.

욥은 정직하고 무죄한 사람이었지만 엄청난 고난을 당했

다. 그리고 당대의 종교적 상식으로 무장한 엘리바스, 빌닷, 소발, 엘리후가 일장연설을 쏟아 내며 그를 포위했다. 욥과 친구들의 모습은 현저한 대조를 이룬다. 친구들은 상담가 역할을 자처하며 책에서 배운 교훈들을 현학적으로 논리정연하게 제시한다. 처음에 욥은 고통에 겨워 분통을 터뜨리며 큰소리로 항변하지만, 마침내 하나님이 나타나셔서 폭풍 가운데 말씀하시자 그 "회오리바람" 같은 신성 앞에서 경외감에 사로잡혀 믿음을 되찾고 입을 다문다. 진정한 믿음은 영적인 상투 문구로 축소되거나 성공담의 소재로 끝나지 않는다. 진정한 믿음은 고통의 불길과 폭풍 속에서 다듬어진다.

욥기는 일체의 답변을 거부하는 것이 아니다. 성경적 신앙에는 충분한 답변이 있다. 욥기가 거부하는 것은 세속화된 답변이다. 우리를 치기도 하고 고치기도 하시는 살아 계신 하나님, 참된 해답의 원천이신 그분의 말씀으로부터 분리되어 세속화된 답변이다. 하나님의 생각과 마음에서 끊어진 상태로는 그분에 대한 진리를 보유할 수 없는 까닭이다.

❧

우리에게는 연민의 마음이 있어서 사람들이 고난받는 것을 보고 싶어 하지 않는다. 그래서 본능적으로 고통을 막거나 덜어 주려 한다. 이것은 분명 좋은 충동이다. 그러나 고난당하는 자들에게 진심으로 다가가고자 한다면, 욥의 친구들처럼 되지 않도록 주의해야 한다. 나에게 잘못된 부분을 바로

잡거나 문제를 없애거나 상황을 "더 좋게" 만들 능력이 있다는 주제넘은 생각을 가지고 "도움"을 베풀어서는 안된다. 고난당하는 친구들을 보면 어떻게 하면 부부관계가 나아지고, 아이들의 행실이 좋아지고, 마음과 정서가 건강해지는지 가르쳐 주고 싶어질 수도 있다. 그러나 다른 사람의 고난을 해결하려 달려들기 전에 몇 가지 명심할 것이 있다.

첫째, 우리가 제아무리 통찰력을 가졌다 해도, 친구들이 겪고 있는 문제의 본질을 온전하게 이해할 수는 없다. 둘째, 친구들이 우리의 조언을 원하지 않을 수도 있다. 셋째, 얄궂은 일이지만 사람이 하나님을 따르기로 헌신한다고 해도 고난이 줄어들지 않는다는 사실이다. 오히려 더 많은 고난을 받는다. 이들은 고난을 통해서 그 전에는 생각조차 못했을 놀라운 방법으로 삶이 변하고 깊어지며 아름답고 거룩한 사람이 된다.

그러므로 고난을 미연에 방지하겠다는 별 성과도 없는 일에 집중하지 말고, 할 수 있는 대로 고난 속으로 들어가 그 고난과 함께해야 한다. 고난의 신비 속으로 들어가 하나님을 찾아야 한다. 다시 말해, 고난받는 사람들이 안됐다는 생각을 버리고 그들을 존중하고 그들에게서 배우며, 그들이 허락하는 선에서 함께 항변하고 기도해야 한다. 동정은 근시안적이고 주제넘은 일이 될 수 있다. 고통을 나누는 일은 사람을 존중하는 일이면서 동시에 변화시키는 일이다. 욥의 고난과 기도와 예배를 바라보면, 우리가 따라가야 할 용기와 고결함의 길을 그가 열었음을 알게 된다.

❦

그러나 나 혼자만 고난받는 것 같고 하나님이 원하시는 것
이 무엇인지 몰라 욥이 앞서 간 길을 뒤따르는 일이 막막하
게 느껴질 때가 있다. 그런 캄캄한 순간에는 폭풍 가운데 욥
에게 나타나신 하나님이 지금 우리에게도 말씀하고 계신다
는 사실을 기억해야 한다. 그 하나님께서 환상으로 우리 앞
에 나타나지 않으실지라도, 그분은 욥에게 설명하신 수많은
방법들을 통해 우리에게 자신을 알려 주신다. 그것은 거시
세계에서 미시세계까지, 경이로운 은하계에서 우리가 당연
시하는 아주 작은 것들까지 포괄한다. 그분은 우리 앞에 펼
쳐진 측량할 수 없는 우주의 창조자이시며 우리 안에 있는
소우주의 창조자도 되신다.

하나님께서 사나운 폭풍의 눈에서 욥에게 대답하셨
다.……

"내가 이 땅을 창조할 때 너는 어디 있었느냐?
네가 아는 것이 그렇게 많다니, 어디 말해 보아라!……

너는 아침에게 '기상' 명령을 내리고
새벽에게 '작업 개시'를 지시한 적이 있느냐?

그리하여 땅을 이불처럼 거머쥐고
바퀴벌레를 털어 내듯 악한 자들을 털어 버린 적이 있느
냐?……
너는 구름의 주의를 끌어
소나기를 내리게 할 수 있느냐?
번개를 뜻대로 부리고
명령을 바로 수행했는지 보고하게 할 수 있느냐?"(욥 38:1,
4, 12-13, 34-35)

그래서 우리는 희망을 품는다. 그 희망은 캄캄한 고난에서
피어나는 것도, 책에 담긴 듣기 좋은 답변들이 제시하는 것
도 아니다. 우리의 고난을 살피시고 우리의 고통을 함께 나
누시는 하나님께로부터 오는 희망이다.

기도하고 묵상하며 욥기를 읽노라면, 인생이 생각대로 풀
리지 않을 때 떠오르는 질문들을 만나게 된다. 처음에는 욥
기의 대답들이 모두 진부하게만 들린다. 그러다 똑같은 질
문들을 조금 다르게 다시 묻게 되고 똑같은 대답들이 조금
다르게 들린다. 이런 과정을 되풀이하면서 우리가 욥의 입
을 통해 올바른 질문을 던지게 되면, 비로소 우리 고난의 가
치가 드러나고 하나님의 음성과 신비에 한 발짝 더 가까워
지게 된다. 우리를 보고 우리의 말을 들으면서도 우리를 이
해하지 못하는 사람들의 응급처치식 조언을 욥과 함께 거부
할 때, 우리는 폭풍 가운데서만 찾아오는 하나님의 계시에

마음을 열고 자신을 맡길 수 있게 된다. 하나님의 신비는 우리의 어둠과 고투를 무색하게 만든다. 그 신비를 깨달을 때, 비로소 우리는 고난이 하나님의 다스리심에 대해 따져 묻는 자리가 아니라 우리의 삶을 성찰하는 자리임을 알게 된다. 그러고 나면 입장이 뒤바뀐다. 살아 계신 하나님이 우리에게 다가오신다. 하나님이 우리에게 말씀하신다. 그래서 우리는 우리의 고난과 인간으로서의 나약함을 통해 욥의 경험과 고백을 자신의 것으로 삼게 된다.

욥기

1 ¹⁻³ 우스 땅에 욥이라는 사람이 살았다. 그는 더없이 정직하고 약속을 잘 지키는 사람이었으며, 하나님께 온전히 헌신하고 악을 지극히 미워했다. 그에게는 아들 일곱, 딸 셋이 있었다. 그는 엄청난 부자여서 양이 칠천 마리, 낙타가 삼천 마리, 겨릿소가 오백 쌍, 암나귀가 오백 마리나 되었고, 종들도 어마어마하게 많아 동방에서 가장 영향력이 컸다! ⁴⁻⁵ 그의 아들들은 돌아가면서 제 집에서 잔치를 벌였고, 그때마다 누이들도 초대해 함께 즐거운 시간을 보냈다. 잔치가 끝난 다음 날이면 욥은 으레 일찍 일어나 제 자식들 하나하나를 위해 번제를 드렸다. "어쩌면 저 아이들 중 하나가 마음속으로 하나님을 거역하는 죄를 지었을지도 모른다"고

생각했기 때문이다. 그렇게 욥은 자식들이 혹시라도 죄를
지었을까 하여, 희생 제물을 바치곤 했다.

첫 번째 시험, 자녀와 재산을 잃다

6-7 어느 날 천사들이 **하나님**께 보고하러 왔을 때, 고발자 사
탄도 함께 왔다. **하나님**께서 사탄을 지목하여 말씀하셨다.
"너는 무슨 일을 하다 왔느냐?"
사탄이 **하나님**께 대답했다. "여기저기 다니며 지상의 사정
을 둘러보았습니다."

8 **하나님**께서 사탄에게 말씀하셨다. "내 친구 욥을 눈여겨
보았느냐? 그처럼 정직하고 약속을 잘 지키며, 하나님에게
온전히 헌신하고 악을 미워하는 사람이 없다."

9-10 사탄이 항변했다. "욥이 온전히 선한 마음으로 그러는 줄
아십니까? 이제껏 그처럼 형편이 좋은 사람이 없었습니다!
주님께서 그를 애지중지하시고 그의 가족과 재산도 보호하
시고 그가 하는 모든 일에 복을 주시니, 잘못될 수가 없지요!

11 하지만 주께서 손을 뻗어 그의 소유를 모두 **빼앗으**시면
어떤 일이 벌어지겠습니까? 그는 틀림없이 주님을 똑바로
쳐다보며 저주할 것입니다."

12 **하나님**께서 대답하셨다. "좋다. 어디, 그가 가진 모든 것
을 네 뜻대로 해보아라. 다만 그의 몸은 건드리지 마라." 이
에 사탄이 **하나님** 앞에서 물러났다.

13-15 얼마 후, 욥의 자녀들이 맏형의 집에 모여 잔치를 벌이

고 있었는데, 심부름꾼 하나가 욥에게 와서 말했다. "주인
님, 소가 밭을 갈고 나귀들이 근처에서 풀을 뜯고 있는데,
스바 사람들이 쳐들어와 가축들을 빼앗고 일꾼들을 죽였습
니다. 저 혼자만 살아남아서 주인어른께 소식을 전합니다."
¹⁶ 그가 말을 채 마치기도 전에, 다른 심부름꾼이 와서 말했
다. "여러 차례 번개가 치더니 양 떼와 목동들을 바싹 태워
버렸습니다. 저 혼자만 살아남아서 주인어른께 소식을 전합
니다."
¹⁷ 그가 말을 채 마치기도 전에, 또 다른 심부름꾼이 와서 말
했다. "갈대아 사람들이 세 방향에서 몰려와 낙타들을 빼앗
고 낙타 몰이꾼들을 죽였습니다. 저 혼자만 살아남아서 주
인어른께 소식을 전합니다."
¹⁸⁻¹⁹ 그가 말을 채 마치기도 전에, 또 다른 심부름꾼이 와서
말했다. "주인어른의 자제분들이 큰아드님 댁에서 잔치를
벌이고 있는데, 사막에서 폭풍이 불어닥쳐 그 집을 내리쳤
습니다. 집이 무너져 내려 자제분들이 모두 죽었습니다. 저
혼자만 살아남아서 주인어른께 소식을 전합니다."
²⁰ 욥은 벌떡 일어나 옷을 찢고 머리털을 깎은 후에, 바닥에
엎드려 경배하며 말했다.

²¹ 내가 어머니의 태에서 벌거벗고 나왔으니
벌거벗은 채 땅의 태로 돌아갈 것입니다.
주신 분도 **하나님**이시고 가져가신 분도 **하나님**이시니

하나님의 이름을 찬양할 뿐입니다.

²² 이 모든 일을 겪으면서도 욥은 죄를 짓지 않았다. 단 한 번도 하나님을 원망하지 않았다.

두 번째 시험, 건강을 빼앗기다

2 ¹⁻³ 어느 날 천사들이 **하나님**께 보고하러 왔을 때, 사탄도 **하나님** 앞에 나타났다. **하나님**께서 사탄을 지목하여 말씀하셨다. "너는 무슨 일을 하다 왔느냐?" 사탄이 **하나님**께 대답했다. "여기저기 다니며 지상의 사정을 둘러보았습니다." **하나님**께서 사탄에게 말씀하셨다. "내 친구 욥을 눈여겨보았느냐? 그처럼 정직하고 약속을 잘 지키며, 하나님에게 온전히 헌신하고 악을 미워하는 사람이 없다. 그는 자신의 믿음을 굳게 붙들었다! 네가 나를 부추겨 그를 무너뜨리고자 했지만 부질없는 짓이었다."

⁴⁻⁵ 사탄이 대답했다. "자기 목숨을 구하기 위해서라면 무슨 일이든 하는 게 사람입니다. 주께서 손을 뻗어 그의 건강을 빼앗으시면 어떻게 되겠습니까? 그는 틀림없이 주님을 똑바로 쳐다보며 저주할 것입니다."

⁶ **하나님**께서 말씀하셨다. "좋다. 네 마음대로 해보아라. 하지만 그를 죽이지는 마라."

⁷⁻⁸ 사탄이 **하나님**을 떠나가 욥의 몸에 악성 종기가 돋게 했다. 욥은 머리부터 발끝까지 종기와 부스럼으로 뒤덮였다.

상처로 인해 미칠 듯 가려웠고 고름이 줄줄 흘러내렸다. 그
는 질그릇 조각으로 자기 몸을 벅벅 긁고 재가 깔린 쓰레기
더미에 가서 앉았다.

⁹ 그의 아내가 말했다. "아직도 그 잘난 고결함을 지키겠다
는 거예요? 차라리 하나님을 저주하고 죽어 버려요!"

¹⁰ 욥이 아내에게 말했다. "당신은 생각 없는 바보처럼 말하
는구려. 우리가 하나님께 좋은 날도 받았는데, 나쁜 날도 받
는 게 당연하지 않소?"

이 모든 일을 겪으면서도 욥은 죄를 짓지 않았다. 하나님을
거역하는 말을 한 마디도 하지 않았다.

욥의 세 친구

¹¹⁻¹³ 욥의 세 친구가 욥이 당한 온갖 어려움에 대한 소식을
들었다. 데만 사람 엘리바스, 수아 사람 빌닷, 나아마 사람
소발은 각자의 지역에서 출발했다. 그들은 욥 곁을 지키면
서 그를 위로할 요량으로 중간에 만나 함께 욥을 찾아갔다.
욥의 모습을 처음 보았을 때 그들은 자신들의 눈을 믿을 수
가 없었다. 친구의 몰골을 도저히 알아볼 수 없었기 때문이
다! 그들은 탄식하며 목 놓아 울고 겉옷을 찢고 슬픔의 표시
로 머리에 재를 뿌렸다. 그러고는 친구 옆에 주저앉았다. 그
들은 욥의 곁에 앉아 칠 일 밤낮을 한 마디도 하지 않았다.
그의 고난이 얼마나 극심한지, 그의 심정이 얼마나 처참할
지 알 수 있었기 때문이다.

욥이 자신의 운명을 저주하다

3

¹⁻² 그러다 욥이 침묵을 깨뜨렸다. 그는 목소리를 높여 자신의 운명을 저주했다.

³⁻¹⁰ "내가 태어난 날아, 사라져라.
내가 잉태된 그 밤아. 없어져 버려라!
우주공간의 블랙홀처럼 되어 버려라.
위에 계신 하나님이 그날을 잊어 주셨으면!
그날을 책에서 지워 버리셨으면!
내가 태어난 그날이 짙은 어둠 속에 묻히고 안개에 싸였으면!
밤이 그날을 삼켜 버렸다면!
내가 잉태된 밤 따위는 귀신이나 가져가라!
그날을 달력에서 찢어 버려라.
연감에서 삭제해 버려라.
오, 그날 밤이 아예 없어져
어떤 기쁨의 소리도 들리지 않았다면!
저주에 능한 자들이 그날을 저주하여
바다 괴물 리워야단을 풀어 버렸다면.
새벽별들이 검은 숯으로 변하고
아무리 기다려도 빛이 비추지 않고
동틀 녘의 첫 햇살도 보지 못했다면!
그러면 그날 내가 어머니의 태에서 나오지도,
이 고통 많은 세상에서 살지도 않았으련만.

11-19 어찌하여 나는 죽어서 나오지 않았으며
첫 숨이 마지막 숨이 되지 않았던가?
어찌하여 나를 안아 주는 두 팔이 있었으며
내게 젖을 물린 가슴이 있었던가?
그렇지 않았다면 지금쯤 나는 편안히 쉬고 있을 텐데.
아무 고통도 못 느끼고 영원히 잠들었을 텐데.
폐허가 된 왕실 묘지에 묻힌
왕과 정치가들과 함께 있을 텐데.
금과 은으로 장식한 번쩍이는 무덤에 묻힌
제후들과 함께 있을 텐데.
어찌하여 나는 죽은 채 태어나
빛을 보지 못한 모든 아기들과 함께 묻히지 못했던가?
그곳에서는 악인들이 더 이상 누군가를 괴롭히지 못하고
녹초가 된 사람들이 오랫동안 기다리던 휴식을 취하며
죄수들이 간수들의 고함소리에 잠깰 일 없이
편안하게 자고 있건만.
그곳에서는 큰 자와 작은 자의 구별이 없고
노예도 자유를 얻건만.

20-23 어찌하여 하나님은 비참한 사람들에게 빛을 주시고
쓰디쓴 인생을 사는 이들을 살려 두시는가?
이들은 죽기를 무엇보다 바라건만 죽지 못하고
죽음보다 나은 것을 상상하지 못하며

죽어서 묻힐 날을
인생에서 가장 행복한 순간으로 손꼽아 기다리지 않는가?
부질없는 인생, 삶의 의미를 찾을 길을
하나님이 모두 막으셨으니, 살아서 무엇하겠는가?

24-26 저녁식사로 빵 대신 신음만 삼키다
식탁을 물리고 고통을 토해 낸다.
내가 가장 두려워하던 일이 현실이 되었고
가장 무서워하던 일이 벌어졌다.
쉼이 산산조각 나고, 평안이 깨졌다.
내게 더 이상 안식은 없다. 죽음이 내 삶을 덮쳤구나."

엘리바스의 첫 번째 충고

4

1-6 그러자 데만 사람 엘리바스가 큰소리로 말했다.

"내가 자네에게 한마디 해도 되겠나?
잠자코 있기가 어려운 상황이라 그러네.
자네가 많이 하던 일일세. 자네는 적절한 말로
상황을 명확히 보게 해주고, 포기하려는 이들을 격려해 주었지.
자네의 말은 비틀거리던 이들을 일으켜 세우고
주저앉기 직전의 사람들에게 새로운 희망을 심어 주었지.
하지만 이제 자네가 곤경에 처했고 괴로워하고 있어!

큰일을 당한 충격으로 비틀거리고 있군.
하지만 지금은 자네가 경건한 삶에서 자신감을 얻어야 할
때가 아닌가.
모범적인 삶에서 희망을 찾아야 할 때가 아닌가!

7-11 잘 생각해 보게! 정말 죄 없는 사람이 쓰레기 더미에 앉는
신세가 된 적이 있던가?
진정 올곧은 사람들이 끝내 실패한 적이 있던가?
내가 본 바로는, 악을 갈고 재난을 뿌리는 사람들이
악과 재난을 거두어들이더군.
그들은 하나님의 입김 한 번이면 산산조각 나고
그분이 한바탕 노하시면 남아나지 못한다네.
백수의 왕 사자가 우렁차게 포효해도
이가 빠지면 쓸모가 없지.
이가 없어 먹이를 못 잡으니 새끼들은
뿔뿔이 흩어져 혼자 힘으로 살아가야 하지.

12-16 한마디 말이 나에게 은밀히 들려왔네.
속삭임에 불과했지만 나는 분명히 들었어.
깊이 잠들었던 어느 날 밤,
무서운 꿈속에서 들었다네.
두려움이 나를 정면으로 쳐다보았는데, 공포 그 자체였네.
무서워 죽을 지경이었어. 나는 머리부터 발끝까지 벌벌 떨

었지.
한 영이 내 앞을 스르륵 지나가는데
내 머리털이 주뼛 곤두서더군.
거기 나타난 것이 무엇이었는지는 알아보지 못했네.
흐릿한 형체였는데, 그때 이런 희미한 소리가 들렸어.

17-21 '어찌 죽을 존재가 하나님보다 의로울 수 있겠느냐?
어찌 인간이 그 창조주보다 깨끗할 수 있겠느냐?
아니, 하나님은 그분의 종들도 신뢰하지 않으시고
그분의 천사들도 칭찬하지 않으시는데,
하물며 진흙으로 이루어져 나방처럼 쉬 부스러질
몸뚱이를 가진 우리야 오죽하겠느냐?
우리 몸은 오늘 있다가도 내일이면 사라져
누구도 눈여겨보지 않으니, 흔적도 없이 사라진다.
천막 말뚝을 뽑아낼 때 천막이 그대로 무너지듯,
우리도 죽을 때가 되면 살아온 세월이 무색할 만큼
미련한 존재로 스러진다.'"

5 1-7 "욥, 응답할 사람이 있겠거든 도움을 청해 보게!
거룩한 천사 중에 의지할 자가 있는가?
어리석은 자는 욱하는 성질 때문에 결국 목숨을 잃고
미련한 자는 시기와 분노 때문에 죽는다네.

내가 직접 보았지. 어리석은 자들이 잘되는가 싶더니
그들의 집이 순식간에 저주를 받더군.
그 자녀들이 바깥에 내쫓겨 학대와 착취를 받아도
도와주는 사람이 전혀 없었네.
거리의 굶주린 자들이 그들의 수확물을 약탈하고
남김없이, 모조리 가져갔어.
그들이 가진 것은 모두 탐내더군.
일이 잘 안 풀린다고 운명을 탓하지 말게.
불행은 까닭 없이 찾아오는 것이 아니니까.
인간인 탓도 있어! 인간이 불행을 타고 태어나는 것은
불티가 위로 치솟는 것처럼 자명한 일이네.

8-16 내가 자네라면 하나님께 곧장 나아가
그분의 자비에 매달리겠네.
하나님은 뜻밖의 큰일들을 행하시는 것으로 유명한 분이 아
닌가.
놀라운 일들을 끝없이 행하시는 분이지.
드넓은 땅에 비를 내리시고
밭에 물을 대어 촉촉이 적시는 분이네.
그분이 몰락한 자들을 일으켜 세우시고
슬픔에 빠진 이들의 든든한 발판이 되어 주신다네.
남을 해치려는 이들의 흉계를 저지하여
그들의 음모가 하나도 성사되지 못하게 하신다네.

그분은 다 아는 체하는 자들의 모의를 잡아내어
그 복잡한 음모가 쓰레기와 함께 모두 쓸려 나가게 하시네.
그들은 순식간에 방향을 잃고 어둠 속에 처박혀
한 걸음도 앞으로 내딛지 못하네.
그러나 억눌린 자들은 하나님이
살인음모와 압제에서 구해 내시지.
이렇게 하나님이 불의를 묶고 그 입을 막으시니
가난한 이들에게 여전히 희망이 있는 것 아닌가.

17-19 하나님이 개입하여 자네를 바로잡아 주시니 얼마나 큰
복인가!
전능하신 하나님의 징계를 부디 업신여기지 말게!
하나님은 상처를 입히기도 하시지만 상처를 싸매기도 하시네.
자네를 아프게 한 손으로 치료하신다네.
재난이 줄지어 닥쳐도 그분이 자네를 건져 주시니
어떤 재앙이 와도 자네는 아무 해를 입지 않을 걸세.

20-26 기근이 닥치면 하나님이 굶주림을 면케 하시고
전쟁이 일어나면 칼에 상하지 않게 지키실 것이네.
사악한 험담에서 보호받을 것이며
어떤 재난도 겁 없이 헤쳐 나갈 걸세.
재앙과 기근 따위는 가볍게 떨치고
들짐승 사이에서도 두려움 없이 다닐 걸세.

자네는 바위와 산들과도 사이좋게 지내고
들짐승들이 자네의 좋은 친구가 될 것이네.
자네의 거처가 안전한 곳이 될 것이고
재산은 축나지 않을 걸세.
자녀들이 장성하는 모습과
집안이 과수원의 풀처럼 쑥쑥 번창하는 모습을 보게 될 것
이네.
수확 철에 황금빛으로 영근 곡식단처럼
자네는 오랜 세월을 알차게 보내고 무덤에 이를 걸세.

²⁷ 여보게, 이것은 틀림없는 사실이네. 내 명예를 걸고 하는
말이야!
이 말을 명심하면 잘못될 일이 없을 걸세."

욥의 대답

6 ¹⁻⁷ 욥이 대답했다.

"내 고통의 무게를 달아 볼 수 있다면,
내 원통한 심정을 모두 저울 위에 올려놓을 수 있다면,
바다의 모래를 다 합친 것보다 더 무거울 텐데!
내가 우리에 갇힌 고양이처럼 절규하는 것이 이상한가?
전능하신 하나님의 화살들이 내 안에 박혔네.
독화살들이 박혀 온몸에 독이 퍼졌어!

하나님이 이 모든 일을 내 탓으로 돌리셨네.
먹을 풀이 없으면 나귀와 소가 울기 마련이니
이런 상황에서 내가 입 다물고 있기를 바라지 말게.
하나님이 내 접시에 담아 주신 것이 보이는가?
그것들 앞에서 어느 누가 제정신일 수 있겠는가!
내 안의 모든 것이 진저리를 치니
속이 다 메슥거리네.

8-13 내가 오직 원하는 것은 한 가지 기도 응답뿐,
내 마지막 간구를 들어주시는 것.
하나님이 나를 밟아 주셨으면. 벌레처럼 짓이겨
영원히 끝장내 주셨으면.
그러면 궁지에 몰린 나머지 한계선을 넘어
거룩하신 하나님을 모독하는 일은 없을 것이고
그나마 그것으로 만족할 수 있을 텐데.
내게 무슨 힘이 있어 희망을 붙들겠는가?
무슨 미래가 있어 계속 살아가겠는가?
내 심장은 강철로 만들어진 줄 아나?
내가 무쇠인간인가?
내가 자력으로 지금 상황을 이겨 나갈 수 있을 것 같은가?
아닐세. 난 더 이상 버틸 힘이 없네!

14-23 절박한 처지의 사람이 전능하신 하나님에 대한 기대를

접을 때

그의 친구들만은 곁에 있어 줘야 하는 것 아닌가?

그런데 형제처럼 여긴 내 친구들이 사막의 협곡처럼 변덕스
럽군.

어떤 때는 눈과 얼음이 녹은 물을 산에서

콸콸 흘려보내다가도

한여름이 되면 햇볕에 바싹 마른 골짜기로 변하는, 딱 그 짝
이야.

여행자들이 마실 물을 기대하고 힘들게 왔다가

결국 바싹 마른 협곡에 이르러 갈증으로 죽는다네.

데마의 대상들이 물을,

스바의 관광객들이 시원한 음료를 고대하며

부푼 가슴을 안고 당도했건만, 그들을 기다리는 것은 실망뿐!

그곳에 도착한 그들의 얼굴이 낙심으로 흐려지네!

그런데 내 친구라는 자네들이 바로 그 꼴이야.

전혀 다를 게 없어!

내 몰골을 한번 보더니 겁을 먹고 움츠러드는군.

내가 자네들에게 무슨 부탁을 한 것도 아니지 않은가?

돈 한 푼 달라고 하기를 했나,

날 위해 위험을 무릅써 달라고 했나.

그런데 왜 이리 말을 돌리고 발뺌하기에 급급하나?

24-27 사실대로 말해 보게. 그럼 나는 입을 다물 테니.

내가 무엇을 잘못했다는 것인지 알려 주게.
정직한 말은 누구에게도 해가 되지 않는 법인데,
경건한 체 이리 허세를 부리는 이유가 무엇인가?
자네들은 내가 잘못 살았다고 말하지만
고뇌에 찬 내 말을 헛소리로 여기는구먼.
자네들 눈에는 사람이 사람으로 안 보이는가?
친구가 수지타산을 따져야 할 품목에 불과한가?

28-30 나를 똑바로 보게!
내가 자네 면전에서 거짓말을 할 것 같은가?
잘 생각해 보게. 엉뚱한 소리 말고!
곰곰이 생각해 보게. 내가 정말 믿지 못할 위인인가?
내 말에 틀린 부분이 있는가?
내가 선악을 분간하지 못할 사람인가?"

7 1-6 "인생은 고역일세. 그렇지 않은가?
종신 중노동형이지.
나는 휴식시간을 간절히 바라는 농장 일꾼이요
삯 받을 날만 기다리는 떠돌이 품꾼 신세일세.
내게 할당된 것은 정처 없이 굽이굽이 흘러가는 인생,
목적 없는 시간들, 그리고 고통의 밤이네!
잠자리에 들면서 '일어나려면 얼마나 남았지?'부터 생각한다네.

밤이 깊도록 이리저리 뒤척이다 보면 아주 지긋지긋해!

내 몸은 구더기와 상처딱지로 온통 뒤덮였네.

내 살은 비늘처럼 딱딱해지다가 터져서 고름이 줄줄 흐른다네.

나의 나날은 뜨개바늘의 움직임보다 빠르게 지나가지만

도중에 실이 떨어져 중단되는, 미완성 인생이야!"

욥의 기도

7-10 "하나님, 내 생명이 한낱 입김에 불과한 것을 잊지 말아 주십시오!

내 눈은 더 이상 좋은 일을 보지 못할 것입니다.

주님의 눈이 더 이상 내게 미치지 않습니다.

이제는 주께서 살피셔도 내 모습이 보이지 않을 것입니다.

증발한 구름은 영원히 사라지고

무덤에 들어간 자는 되돌아오지 못합니다.

다시 와서 가족을 찾아갈 수 없고

차 한잔 하러 친구를 방문할 수도 없습니다.

11-16 그래서 나는 잠잠히 있지 않고

내 사정을 모조리 다 이야기하렵니다.

드높은 하늘에 쏟아내는 나의 항의는 거칠지만 정직합니다.

바다를 가라앉히고 폭풍을 잠재우시듯

내 입에 재갈을 물리시렵니까?

'잠 좀 자고 나면 기분이 나아지겠지.
한결 기운이 날 거야' 하고 말하면,
주께서 오셔서 악몽으로 겁을 주시고
환영을 보내어 기겁을 하게 만드십니다.
이런 생활을 계속해서 견디느니
차라리 이불보 덮어쓰고 숨 막혀 죽는 편이 낫겠습니다.
더 이상 살기 싫습니다! 어느 누가 이렇게 살고 싶겠습니까?
나를 좀 내버려 두십시오! 내 인생은 아무것도 아닙니다.
한낱 연기에 불과합니다.

17-21 대체 사람이 무엇이기에 주께서 그에게 신경을 쓰시고
그에게 마음을 두십니까?
매일 아침 그를 들여다보고
그가 어떻게 하고 있는지 살피십니까?
나를 좀 내버려 두십시오, 네?
침이라도 마음 놓고 뱉게 해주실 수 없습니까?
내가 죄를 지었다 한들, 그것이 주께 무슨 해가 되겠습니까?
주님은 모든 인간을 책임지는 분이십니다.
나를 괴롭히시는 것보다 더 나은 일들이 있지 않겠습니까?
내가 무엇이라고 일을 크게 만드십니까?
그냥 내 죄를 용서하시고
새로 시작할 기회를 주시면 어떻겠습니까?
이대로 가면 나는 곧 죽을 것입니다.

주께서 샅샅이 찾으셔도, 나는 이미 없는 몸과 같습니다."

빌닷의 첫 번째 충고

8 ¹⁻⁷ 이번에는 수아 사람 빌닷이 말했다.

"어떻게 그런 말을 계속할 수 있는가?
터무니없는 말만 시끄럽게 늘어놓고 있군.
하나님이 실수하시겠는가?
전능하신 하나님이 일을 그르치신 적이 있는가?
자네 자식들이 하나님께 죄를 지은 것이 분명하네.
그렇지 않다면 하나님이 왜 그들을 벌하셨겠나?
자네가 해야 할 일을 말해 주겠네. 더 이상 미루지 말게나.
전능하신 하나님 앞에 무릎을 꿇게.
자네 말마따나 자네가 결백하고 정직하다면
아직 늦지 않았네. 하나님이 달려오실 걸세.
모든 것을 바로잡으시고 자네의 재산을 회복시켜 주실 걸세.
지금 자네의 모습은 보잘것없지만,
나중에는 전보다 훨씬 나아질 걸세.

⁸⁻¹⁹ 우리 선조들에게 물어보게나.
그분들이 그 윗대 선조들에게 배운 내용을 살펴보게나.
우리는 갓 태어난 사람들과 같아서 배울 것이 많고
배울 날은 그리 길지 않네.

그러니 선조들에게 배우고 뭐가 뭔지 듣고
그분들이 경험을 통해 터득한 것을 전수받으면 좋지 않겠나?
흙이 없는데 소나무가 크게 자라고
물이 없는데 달콤한 토마토가 주렁주렁 열리겠는가?
잘리거나 꺾이지 않고 활짝 핀 꽃은 근사해 보이지만
흙이나 물이 없으면 풀보다 빨리 마른다네.
하나님을 잊은 모든 사람에게 그런 일이 벌어지고
그들의 모든 희망은 물거품이 되고 말지.
그들은 가느다란 실 하나에 목숨을 거는 꼴이요
거미줄에 운명을 거는 꼴이네.
살짝 건드리기만 해도 실은 끊어지고
한 번 콕 찌르기만 해도 거미줄은 망가지고 만다네.
그들은 햇빛을 받고 불쑥불쑥 솟아나 정원을 덮치는 잡초와
같네.
사방으로 뻗어 나가 꽃보다 더 크게 자라고
돌 사이에도 뿌리를 내리지.
하지만 정원사가 놈들을 뿌리째 뽑아내도
정원은 조금도 아쉬워하지 않네.
하나님을 경외하지 않는 자들은 빨리 사라질수록 좋네.
그래야 그 자리에 좋은 초목이 자랄 수 있으니 말이야.

20-22 하나님이 착한 사람을 내치실 리 없고
나쁜 사람을 도우실 리도 없네.

하나님이 자네에게 웃음을 돌려주실 걸세.
자네가 기뻐 외치는 소리로 지붕이 들썩거릴 거야.
자네 원수들은 완전히 망신을 당하고
그들이 세운 허울 좋은 집은 무너지고 말 걸세."

욥의 대답

9 1-13 욥이 대답했다.

"그래서 새로운 게 뭔가? 나도 그 정도는 아네.
그러나 한낱 인간이 어찌 하나님보다 옳을 수 있겠는가?
우리가 하나님을 상대로 소송을 벌이려 한들
승산이 얼마나 되겠는가? 천에 하나도 안될 걸세.
하나님의 지혜는 너무나 깊고 하나님의 능력은 어마어마하니
누가 그분과 겨뤄서 무사할 수 있겠는가?
그분은 산들을 눈 깜짝할 사이 옮기시고
내키면 산을 뒤엎기도 하신다네.
땅을 강하게 뒤흔들어
그 기초까지 진동하게 하시지.
해에게 '비치지 마라' 하시면 그대로 되고
별들을 덮어 가리신다네.
홀로 하늘을 펼치시고
바다 물결 위를 성큼성큼 걸으시네.
북두칠성과 오리온자리,

묘성과 남방 별자리들을 만드셨네.
그분은 우리가 이해하지 못할 큰일들을 행하시고
그분의 기적은 이루 다 헤아릴 수 없어.
하나님이 내 앞으로 바로 지나가신다 해도 나는 그분을 볼
수 없네.
은밀하지만 분명히 일하시는데도 나는 눈치채지 못한다네.
하나님이 자네들 소유를 몽땅 털어 가신다 한들
누가 그분을 막을 수 있겠나?
누가 '지금 뭐하시는 겁니까?' 하고 항의할 수 있겠나?
하나님은 진노를 돌이키지 않으시니
용이 낳은 괴물들도 그분 앞에서는 꼼짝 못하네.

14-20 그러니 내가 어떻게 그분과 논쟁을 벌이며
그분의 마음을 움직일 변론을 내놓을 수 있겠는가?
내가 결백하다 해도 입증할 수 없으니
고작해야 재판관의 자비를 빌 수 있을 뿐이야.
내가 하나님을 부를 때 그분이 친히 대답하시면
그때 비로소 나는 그분이 내 말을 들으셨다고 믿겠네.
하지만 현재로서는, 하나님이 나를 여기저기 치시고
까닭 없이 마구 때려 멍들게 하신다네.
그분은 내게 숨 돌릴 틈도 주지 않으시고
괴로움에 괴로움만 더하시지.
힘으로 결판을 보려 하면 그분이 강하시니 승부는 뻔하네!

재판에서 정의를 가려 보려고 한들, 누가 감히 그분을 소환
하겠는가?
내가 결백하다 해도, 내 입에서 나오는 모든 말이 날 유죄
로 보이게 만들 거네.
내가 흠이 없다 해도, 무죄를 항변할수록 더 나쁜 놈으로 보
일 거야.

21-24 나를 믿어 주게. 난 결백하네.
뭐가 어떻게 돼 가는 건지 모르겠네.
도무지 살고 싶지가 않아!
어떻게 살든 결과가 마찬가지라면, 하나님이 착한 사람과
나쁜 사람을
한꺼번에 멸하신다는 결론을 내릴 수밖에 없지 않은가.
재앙이 닥쳐 사람들이 갑자기 죽어 나가도
하나님은 무죄한 자들의 절망을 팔짱 끼고 지켜만 보신다네.
하나님은 악한 자들에게 세상을 맡기시고
옳고 그름을 분간하지 못하는 재판관들을 세우시네.
이것이 하나님 책임이 아니라면, 누구 책임이란 말인가?

25-31 시간이 얼마 안 남았고 남은 생애가 쏜살같이 달려가니
그 속도가 너무나 빨라 좋은 일을 볼 겨를이 없습니다.
그 지나가는 것이 돛을 올려 바람을 받으며 달리는 배 같고
먹잇감을 향해 내리닫는 독수리 같습니다.

'이 모든 것을 다 잊고
밝은 면만 보면서 억지웃음이라도 지어야지' 하고 말해 보
지만
주께서 나를 봐주지 않으실 것이 분명하니,
이 고통은 창자 속 왕모래처럼 나를 계속 괴롭힐 것입니다.
유죄 판결이 이미 내려졌으니
항의하고 항소한들 무슨 소용이 있겠습니까?
온몸을 북북 문지르고
때가 잘 빠지는 비누로 아무리 깨끗이 씻어도
부질없을 것입니다. 주께서 나를 돼지우리에 밀어 넣으셔서,
누구도 견디지 못할 악취를 풍기게 하실 테니까요.

32-35 하나님과 나는 대등하지 않으니 그분을 상대로 소송을
벌일 수 없구나.
동등한 존재로 같이 법정에 들어갈 수가 없구나.
하나님과 나 사이에 개입하여 내가 살 기회를 열어 주고
내 멱살을 틀어쥔 하나님의 손을 풀어
이 두려움에서 벗어나 다시 숨을 쉴 수 있게 해줄
중재자가 있다면 얼마나 좋을까!
그러면 목소리 높여 내 사정을 거침없이 말하련만.
지금 상황에서는 그렇게 할 도리가 없구나."

10 ¹ "더 이상 견딜 수가 없구나. 살고 싶지 않아! 내 사정을 모두 이야기하겠다.
내 인생의 온갖 괴로움을 남김없이 털어놓겠다."

욥의 기도

2-7 욥은 이렇게 기도했다.

"드리고 싶은 말씀이 있습니다.
하나님, 내게 유죄 판결을 내리지 마십시오.
그것이 여의치 않다면 죄목이라도 알려 주십시오.
손수 지으신 이 몸은 시련과 박대로 대하시고
악한 자들의 음모에는 복을 주시다니,
이것을 어찌 주께서 말씀하시는 '선한' 일이라 할 수 있겠습니까?
주께서는 우리 인간들처럼 세상을 보지 않으십니다.
겉모습에 속는 분이 아니시지 않습니까?
주께서는 우리와 달리 마감시한에 쫓겨 일하지 않으십니다.
영원 가운데 거하시니 일을 제대로 처리하실 충분한 여유가
있으십니다.
그런데 이 무슨 일입니까? 내 허물을 파헤치시고
수치가 될 만한 것을 찾기 위해 이리도 혈안이 되셨습니까?
주께서는 내가 무죄임을 잘 아십니다.
나를 도울 자가 없다는 것도 아십니다.

8-12 주께서는 나를 질그릇처럼 손수 빚으셨는데
이제는 산산조각 내려 하십니까?
주께서 진흙으로 나를 얼마나 아름답게 빚으셨는지 잊으셨
습니까?
그런데 이제 나를 진흙덩이로 돌리시렵니까?
주께서 정자와 난자를 섞으시자
경이로운 잉태가 이루어졌고,
살갗과 뼈, 근육과 두뇌를 갖춘
나란 존재가 기적같이 생겨났습니다!
주께서는 내게 생명과 믿기지 않는 큰 사랑을 주셨습니다.
내가 숨 쉬는 것까지도 눈여겨보시고 지켜 주셨습니다.

13-17 그러나 주께서는 한 가지 사실을 알려 주지 않으셨습니다.
그것이 다가 아니라는 것,
내가 한 걸음이라도 잘못 디디면 주께서 기다렸다는 듯이
달려들어
조금도 봐주지 않으시리라는 것을 말입니다.
내가 정말 죄가 있다면 나는 끝장입니다.
그러나 죄가 없다 해도 달라질 것은 없습니다. 끝장이긴 마
찬가지입니다.
뱃속이 비통함으로 가득합니다.
나는 고통의 늪에 빠졌고 고통이 턱까지 차올랐습니다.
이런 상황에서도 어떻게든 잘해 보려고, 용감하게 견디려

애써 보지만

주님은 내가 도무지 감당할 수 없는 분,

먹이를 노리는 사자처럼 조금도 사정을 봐주지 않으십니다.

주께서 내게 불리한 증인들을 새롭게 내세우십니다.

나를 향한 노여움을 키우시고

내게 슬픔과 고통을 더하십니다!

18-22 이러실 거면 왜 나를 세상에 내놓으셨습니까?

아무도 나를 보지 못했다면 좋았을 것을!

사산아로 태어나 숨 한 번 못 쉬고

그대로 땅에 묻혔다면 좋았을 것을.

이제 내가 죽을 때도 되지 않았습니까?

죽어서 묻히기 전에,

관에 들어가 땅속에 봉인되고

죽은 자들의 땅으로 영원히 추방되어

칠흑 같은 어둠 속에서 아무것도 볼 수 없게 되기 전에,

노를 멈추시고 내가 미소라도 한번 짓도록 내버려 두실 수

없습니까?"

소발의 첫 번째 충고

11 1-6 이제 나아마 사람 소발 차례가 되었다.

"말은 청산유수로군! 더 이상 듣고만 있을 수 없군.

헛소리만 늘어놓는데 내버려 둬서야 되겠나?
이보게 욥, 자네가 계속 이렇게 나오는데
우리가 잠자코 있을 거라고 생각하나?
푸념과 조롱을 계속하도록 내버려 둘 줄 알았나?
자네는 '내 생각은 건전하고
내 행동은 흠이 없다'고 주장하는군.
하나님이 자네를 따끔하게 꾸짖으시고
자네에게 진상을 알려 주시면 좋겠네!
자네에게 지혜의 내막을 보여주시면 좋겠어.
참된 지혜는 겉모습만 보아서는 알 수 없는 법이니까.
그러나 이것 하나만은 확실하네.
자네는 아직 받아야 할 벌의 절반도 못 받았다는 사실이야.

7-12 자네가 하나님의 신비를 설명할 수 있겠나?
전능하신 하나님을 도표로 나타낼 수 있겠나?
하나님은 자네가 상상도 못할 만큼 높으시고
자네가 도무지 헤아릴 수 없을 만큼 깊으시네.
지평선보다 멀리 뻗어 계시고
끝없는 대양보다 훨씬 광대하시네.
그분이 불쑥 찾아오셔서 자네를 잡아 가두시고
법정으로 끌고 가신다면 자네가 별수 있겠나?
그분은 부질없는 허세를 꿰뚫어 보시고
멀리서도 악을 찾아내시지.

아무도 그분의 눈을 가릴 수 없네!
머리가 빈 사람이 깨닫는 시간이면
노새가 말을 배울 수 있을 걸세.

13-20 그래도 자네가 하나님을 갈망하고
그분께 손을 내민다면,
자네 손에 묻은 죄를 떨어내고
집안에 악을 간직하지 않는다면,
부끄럼 없이 세상을 마주하면서
죄책감과 두려움 없이 당당하게 살아갈 수 있을 걸세.
자네는 괴롭던 일을 다 잊어버리고
오래되어 빛바랜 사진처럼 여기게 될 걸세.
자네의 세상은 햇빛으로 씻김을 받고
모든 그늘은 여명에 흩어질 걸세.
자네는 희망에 부풀어 긴장을 풀고 자신감을 되찾을 거야.
편안히 앉아 주위를 둘러보며 여유로운 마음을 갖게 될 걸세.
아무 염려 없이 마음을 터놓고 사는 자네에게
많은 이들이 찾아와 복을 빌어 달라고 구할 거야.
그러나 악인들은 이런 일을 보지 못할 거네.
그들은 기대할 만한 것이 아무것도 없이
막다른 골목으로 달려가고 있네."

욥의 대답

12 ¹⁻³ 욥이 대답했다.

"자네들은 모든 전문가의 대변인인 모양이군.
자네들이 죽으면 우리에게 살아갈 방도를 일러 줄 자가 없
겠어.
하지만 나에게도 머리가 있다는 걸 잊지 말게.
난 자네들의 장단에 놀아날 생각 없네.
전문가가 아니라도 그 정도는 안다네.

⁴⁻⁶ 친구들에게 내가 조롱을 당하는구나.
'하나님과 대화하던 사람이 저 꼴이군!'
무자비하게 조롱을 당하는구나.
'저 자 좀 봐. 잘못한 게 전혀 없대!'
잘사는 사람들이 남 탓하며 손가락질하기는 쉽고
배부른 사람들이 어렵게 사는 이들을 비웃기는 쉽지.
사기꾼들이 경비가 철저한 집에서 안전하게 지내고
하나님을 모독하는 거만한 자들이 오히려 호사스럽게 산다네.
자신을 보호해 줄 신을 돈 주고 산 자들.

⁷⁻¹² 가서 짐승들의 생각을 물어보게나. 그것들이 가르쳐 줄
걸세.
새들에게 물어보게나. 진실을 알려 줄 걸세.

땅에 귀를 갖다 대 보게. 그리고 기본을 배우게.
귀를 기울여 보게. 바다의 물고기도 제 이야기를 들려줄 걸세.
하나님이 주권자이시라는 것과
모든 사람과 살아 숨 쉬는 모든 생물이
그분의 손안에 있다는 것을,
그 모든 것들이 알고 동의하고 있지 않은가?
이것은 누구나 아는 상식이네.
누구나 맛을 느낄 수 있는 것처럼 말일세.
노인들만 지혜를 독점한다고 생각하나?
나이가 지긋해야만 인생을 알게 될 거라 믿는가?

13-25 참 지혜와 진정한 능력은 하나님의 것.
그분께 어떻게 살아야 하는지
무엇을 위해 살아야 하는지 배울 수 있네.
그분이 헐어 버리시면 다시는 세울 수 없고
그분이 잡아 가두시면 결코 풀려날 수 없네.
그분이 비를 막으시면 가뭄이 들고
비를 풀어 놓으시면 홍수가 진다네.
힘과 성공은 하나님의 것.
속는 자와 속이는 자 모두 그분의 통치 아래 있네.
그분은 그들이 내세우는 자격을 박탈하시고
재판관들이 어리석은 바보임을 드러내시네.
왕들의 왕복을 벗기시고

그 허리에 누더기를 두르게 하신다네.
제사장들의 예복을 벗기시고
고관들을 자리에서 물러나게 하시네.
신뢰받는 현인들이 입을 다물게 하시고
장로들의 분별력과 지혜를 거두어 가시지.
유명인사들에게 멸시를 쏟으시고
힘 있고 강한 자들의 무장을 해제하신다네.
어두운 동굴에 스포트라이트를 비추시고
칠흑 같은 어둠을 정오의 태양 아래로 끌어내시네.
나라들을 흥하게도 하시고 망하게도 하시며
세우기도 하시고 버리기도 하신다네.
세계 지도자들의 지각을 빼앗으시고
아무도 없는 곳으로 그들을 내몰아,
어둠 속에서 막막한 심정으로 더듬거리게 하시네.
술 취한 사람처럼 휘청대며 비틀거리게 하시네."

13
1-5 "그래, 그 모든 것을 내 눈으로 보았고
내 귀로 들어서 알고 있다네.
자네들이 아는 것은 나도 다 아는 것이니
내가 자네들보다 못할 것이 없네.
나는 전능하신 하나님께 내 사정을 아뢰겠네.
지긋지긋한 자네들 말고, 하나님께 직접 호소할 참이네.

자네들은 거짓말로 내 인생을 더럽히는군.
하나같이 돌팔이 의사들이야!
자네들이 입을 다물었으면 좋겠네.
자네들의 지혜를 보여줄 방법은 그것뿐일세.

6-12 이제 내 변론을 들어 보게.
내 입장을 한번 생각해 보게나.
'하나님을 섬긴답시고' 계속 거짓말을 늘어놓을 셈인가?
'하나님을 궁지에서 빼 드린답시고' 없는 이야기를 지어낼
건가?
어째서 자네들은 늘 그분의 편을 드는가?
그분께 변호사가 필요한가?
자네들이 피고석에 앉는다면 어떻게 되겠나?
배심원단은 자네들의 거짓말에 넘어갈지 모르지만
하나님도 속아 주실까?
자네들의 증언에서 잘못된 부분을 집어내시고
당장 꾸짖으실 것이네.
그분의 위엄이 두렵지도 않나?
그분 앞에서 시답잖은 거짓말을 하는 것이 무섭지도 않은가?
자네들의 그럴듯한 이야기들은 고루한 교훈이요
티끌을 모은 것일 뿐 아무짝에도 쓸모없네.

13-19 그러니 입 좀 다물고 내가 하는 말을 들어 보게.

무슨 벌이 내려지든 내가 감당하겠네.

내가 이렇게 위험을 무릅쓰고

목숨을 걸어 가며 모험을 하는 이유가 무엇이겠나?

그분이 나를 죽이신다 해도 희망을 놓을 수 없어서라네.

나는 끝까지 결백을 주장할 걸세.

기다려 주게. 이것이 최선의 길, 구원의 길이 될 걸세!

일말의 죄책감이라도 있다면 내가 이럴 수 있을 것 같은가?

목숨을 걸고 하나님 앞에 나설 것 같은가?

내 말에 주의를 기울이고

두 귀로 잘 들어 보게.

이제 내 변론을 마쳤으니

나는 무죄로 풀려날 것을 확신하네.

나의 혐의를 입증할 사람이 있을까?

난 할 말을 다 했네. 내 변론은 여기까지네."

욥의 기도

20-27 "하나님, 나에게 두 가지 청이 있으니 제발 들어주십시오.

그러면 주께서 나를 귀히 여기심을 알겠습니다.

우선, 고통을 거두어 주십시오.

그 두려움이 내가 감당치 못할 만큼 큽니다.

그리고 하나님께서 내게 직접 말씀해 주십시오. 그러면 내가 응답하겠습니다.

아니면 내가 먼저 아뢰게 해주시고 주께서 응답해 주십시오.

나의 죄목이 몇 가지나 됩니까?
목록을 보여주십시오. 얼마나 심각합니까?
주께서는 왜 숨어 계십니까? 왜 아무 말씀이 없으십니까?
어찌하여 나를 원수 취급 하십니까?
어찌하여 나를 낡은 깡통처럼 걷어차십니까?
어찌하여 죽은 말에 채찍질을 하십니까?
주께서는 내가 저지른 사소한 잘못들의 목록을 길게 작성하시고
내가 어린 시절 지은 죄까지 책임을 물으십니다.
두 다리를 묶어 꼼짝 못하게 하십니다.
일거수일투족을 감시하고
위험인물로 낙인을 찍으십니다.

28 부패한 물건처럼 인간도 빠르게 썩어 갑니다.
좀먹은 셔츠처럼, 곰팡이 핀 블라우스처럼."

14

1-17 "우리는 모두 같은 배를 타고 표류하는 신세,
사는 날은 너무 짧고, 괴로움은 너무 많습니다.
사막의 들꽃처럼 피었다 지니
구름의 그림자처럼 무상합니다.
어찌하여 이렇듯 보잘것없는 존재에게 시간을 들이시며
나를 법정으로 끌고 가는 수고를 하십니까?

애초부터 별 볼 일 없던 우리에게
어찌하여 특별한 것을 기대하십니까?
인간의 수명은 정해져 있습니다.
우리가 얼마나 오래 살지 주께서 이미 정해 놓으셨고
주께서 정하신 경계는 누구도 넘을 수 없습니다.
그러니 우리를 너그럽게 대해 주십시오. 좀 봐주십시오!
막일하는 노동자들도 쉬는 날이 있지 않습니까.
한 그루 나무에도 희망은 있습니다.
그것을 베어 내도 여전히 기회가 있으니
뿌리에서 다시 새싹이 돋아납니다.
그 뿌리가 오래되어 뒤틀려도,
그루터기가 오랫동안 죽은 듯 그대로 있어도,
물기를 조금이라도 받으면 소생하여
묘목처럼 움을 틔우고 자라납니다.
그런데 사람은 어떻습니까? 죽으면 살아날 희망이 없습니다.
마지막 숨을 거두면 그것으로 끝입니다.
바싹 말라 물이 있던 흔적만 남은
호수와 강처럼.
인간은 쓰러지면 다시 일어나지 못하고
다시 깨어나지 못합니다.
차라리 나를 산 채로 묻으시고
주님의 진노가 식을 때까지 주님의 눈에서 벗어나 숨어 있
게 해주십시오.

그러나 나를 그 상태로 버려두지는 말아 주십시오!
날짜를 정하시고 때가 되면 나를 다시 찾아 주십시오.
우리가 죽으면 다시 살겠습니까? 나는 이것을 여쭙고 싶습
니다.
이 힘겨운 시기 내내 나는 희망을 놓지 않고
최후의 변화를 기다립니다. 부활을 고대합니다!
손수 지으신 피조물을 애타게 그리워하셔서
주께서 부르시면, 내가 응답하겠습니다!
주께서 내 모든 발걸음을 지켜보시지만
내 잘못을 추궁하지는 않으실 것입니다.
내 죄를 자루에 담아
대양 깊숙한 곳에 던져 버리실 것입니다.

18-22 그러나 산이 닳아 없어지고
바위가 부서지고
돌멩이가 매끈매끈해지고
토양이 침식하기에 이르도록
주께서는 우리의 희망을 가차 없이 짓밟으십니다.
주님은 우리가 어찌해 볼 수 없는 분,
최종 결정권은 늘 주께 있습니다.
그것이 마음에 들지 않아 우리는 싫은 기색을 하지만
주께서는 막무가내로 우리를 멀리 쫓아 보내십니다.
자녀들이 잘되어도 우리는 그것을 알지 못할 테고

그들이 잘못되어도 마음 아파할 수 없습니다.
우리가 아는 것은 우리 자신의 몸과 영혼뿐,
그것으로 한평생 아파하고 슬퍼합니다."

엘리바스의 두 번째 충고

15 ¹⁻¹⁶ 데만 사람 엘리바스가 다시 말했다.

"자네가 정말 지혜로운 사람이라면, 그렇게 수다쟁이처럼
헛된 말만 늘어놓겠는가?
한창 진지한 주장을 펼치는데 헛소리나 늘어놓고
쓸데없는 말을 지껄이겠는가?
자네 꼴 좀 보게! 자네는 종교를 하찮게 여기고
영적 대화를 공허한 험담으로 바꿔 놓고 있네.
자네가 그렇게 말하는 이유는 바로 죄 때문이네.
자네는 사기꾼이 되기로 작정했군.
자네의 말로 스스로 유죄임이 드러났지 않았는가.
내가 한 말 때문이 아니야. 자네 스스로 자네를 정죄했어!
이런 일을 당한 사람이 자네가 처음인가?
자네가 저 산들만큼이나 오래 살기라도 했나?
하나님이 이 모든 일을 계획하실 때 엿듣기라도 했나?
자네 혼자만 똑똑한 줄 아나?
우리는 모르고 자네만 아는 게 무엇인가?
우리에게 없는 식견을 자네가 갖추고 있는가?

백발의 노인들이 우리를 지지한다네.
자네보다 훨씬 오랫동안 세상을 경험한 분들이지.
온화하고 부드럽게 들려주시는
하나님의 약속이 자네에게는 충분치 않은가?
제 감정에 휘둘려
비난을 일삼고 분통을 터뜨리고
온 힘을 다해 하나님께 대항하며
말도 안되는 소리를 토해 내다니, 도대체 어찌 된 일인가?
한낱 인간이 하나님 앞에서 결백할 수 있는가?
여인에게서 태어난 자가 온전할 수 있을 것 같은가?
하나님은 그분의 거룩한 천사들도 신뢰하지 않으시고
하늘의 흠까지 잡아내시는데,
악을 물 마시듯 하는
냄새나고 더러운 우리 인간들이야 오죽하겠는가?

17-26 자네에게 할 말이 있으니 좀 들어 보게!
내 생각을 말해 주겠네.
이것은 내가 지혜로운 사람들에게서 배운 것이고,
지혜로운 사람들은 그것을 조상들에게서 배워 후대에 충실
히 전수했지.
그 조상들이 살던 먼 옛날,
그들은 이 땅을 독차지했네.
하나님의 법규를 따르지 않고 제멋대로 사는 자들이 기대할

수 있는 것은 괴로움뿐이고,
오래 살수록 사정은 더 나빠진다네.
작은 소리에도 겁에 질리고
원하는 것을 가졌다고 생각하는 순간 재앙이 닥친다네.
그들은 삶이 점점 더 나아질 거라는 희망을 포기하게 되지.
그들의 이름은 늘 상황이 가장 안 좋게 풀리는 사람들 명단
에 들어 있다네.
다음 끼니를 어떻게 때울지 모른 채
여기저기 헤매고 다니니,
그들에게는 하루하루가 심판의 날이라네!
그들은 끝없는 공포 속에 살며
끊임없이 궁지에 몰리지.
하나님께 주먹을 휘두르고
전능하신 하나님께 정면으로 대들며
사사건건 따지고 들다가,
늘 수세에 몰리기 때문이라네.

27-35 설령 그들이 건강의 화신인 것처럼
말쑥하고 튼튼하고 혈기왕성해 보여도,
결국에는 유령도시에 살면서
개도 거들떠보지 않을 헛간과
삐걱대는 오두막에서 묵을 신세라네.
출세 한번 못 해보고

변변한 존재도 되어 보지 못하지.

그러다 죽어. 그들이 죽음을 모면할 거라고? 어림없는 소리!

그들은 하나님의 입김 한 번에 쓰러져

말라비틀어질 잡초라네.

여기에 교훈이 있네. 거짓에 투자하는 자는

거짓을 이자로 받고,

만기일 전에 투자한 것을 다 회수한단 말일세.

대단한 투자 아닌가!

그들은 익기도 전에 서리 맞아 떨어진 과일,

활짝 꽃피우기도 전에 잘린 꽃봉오리처럼 될 걸세.

하나님을 두려워하지 않는 자들은 열매를 만들지 못하는 척

박한 땅과 같네.

뇌물 위에 세운 인생은 연기처럼 사라져 버리지.

그들은 죄와 동침하여 악을 낳으니,

그들의 삶은 속임수를 생산하는 자궁이라네."

욥의 대답

16
1-5 그러자 욥이 스스로를 변호했다.

"자네들 말은 이제 물릴 만큼 들었네.

그것도 위로라고 하는 건가?

그 장황한 연설은 끝도 없는가?

무슨 문제가 있기에 그렇게 계속 지껄이는가?

자네들이 내 처지라면
나도 자네들처럼 말할 수 있겠지.
끔찍한 장광설을 그러모아
지겹도록 들려줄 수 있을 걸세.
하지만 난 절대로 그렇게 하지 않을 거야. 격려하고 위로하고
안심시키는 말을 할 걸세. 복장 터지게 하는 말이 아니라!

6-14 큰소리로 말해도 기분이 나아지지 않고
입을 다물고 있어도 도움이 안됩니다.
나는 완전히 꺾였습니다.
하나님, 주께서 나와 내 가족을 완전히 망하게 하셨습니다!
나를 말린 자두처럼 오그라들게 하시고
주께서 나를 대적하심을 세상에 알리셨습니다.
거울에 비친 수척한 얼굴이 나를 노려보며
주께서 나를 어찌 대하시는지 말없이 증언합니다.
주님의 진노가 나를 노리고
주님의 이가 나를 갈가리 찢으며
주님의 눈이 뚫어져라 나를 노려봅니다. 하나님이 내 원수
가 되시다니!
사람들이 나를 보고 놀라 벌린 입을 다물지 못합니다.
그들은 나를 경멸하여 마구 때리고
집단으로 공격합니다.
그런데 하나님은 가만히 서 계시면서 저들이 하는 대로 내

버려 두시고

악인들이 저 하고 싶은 대로 나를 함부로 대하도록 내버려
두십니다.

분수를 지키며 제 일을 감당하던 나를 하나님이 두들겨 패
시고

멱살을 쥐어 내던지십니다.

주께서 나를 표적으로 삼으시고

궁수들을 모아 내게 화살을 쏘게 하십니다.

그들이 사정없이 쏜 화살이 내 몸에 잔뜩 박혔고

창자가 터져 쓰디쓴 담즙이 땅바닥에 쏟아집니다.

주께서 나에게 달려들어 맹공격을 퍼부으시고

성난 황소처럼 내게 돌진하십니다.

15-17 나는 수의를 지어 입고

흙먼지 바닥에 엎드렸습니다.

내 얼굴은 통곡으로 벌겋게 얼룩이 졌고

눈 밑에는 어두운 그림자가 보입니다.

그러나 나는 누구 한 사람 해친 적이 없고

내 기도는 진실합니다!

18-22 오 땅이여, 내가 받은 부당한 대우를 덮지 말아 다오!

내 울음소리를 가리지 말아 다오!

하늘에는 나의 진실을 아는 분이 틀림없이 계실 것이다.

지극히 높은 하늘에는 내 무죄를 밝혀 줄 변호사가 계실 것
이다.
내가 하나님 앞에서 눈이 퉁퉁 붓도록 우는 동안,
그분은 나의 수호자, 나의 친구가 되어 주실 것이다.
이웃이 이웃의 편을 들듯,
하나님 앞에서 사람을 대변해 줄 그분께 내가 호소할 것이다.

이제 몇 해만 지나면
나는 돌아오지 못할 길을 떠날 것이다."

17

1-2 "내 마음은 부서졌고
내 수명은 다했으며,
이미 파 놓은 무덤이 나를 기다립니다.
나를 조롱하며 달려드는 저들의 모습이 보이십니까?
저들의 오만함을 내가 언제까지 참아야 합니까?

3-5 오 하나님, 나를 지지해 주시고 그것을 보증해 주십시오.
지지 의사를 문서로 작성하고 서명까지 해주십시오.
그리해 주실 분은 주님뿐이십니다!
이 사람들은 아무짝에도 쓸모가 없습니다!
주께서는 저들이 얼마나 어리석은지 보셔서 아시니
저들의 뜻이 관철되도록 내버려 두진 않으시겠지요?

친구를 배신하는 자들은
학대받는 인생을 자녀에게 물려주게 될 것입니다.

6-8 하나님, 주께서 나를 동네의 이야깃거리로 삼으시는 탓에
사람들이 내 얼굴에 침을 뱉습니다. 하도 많이 울어 내 눈이
흐려지고
몸은 살가죽과 뼈만 남았습니다.
점잖은 사람들은 내 모습을 보고 그들의 눈을 의심합니다.
선량한 이들마저 하나같이 내가 하나님을 버렸다고 주장합
니다.

9 그러나 지조 있는 사람은 인생의 방향을 분명히 하고
그 길을 꿋꿋이 갑니다.
깨끗하고 정결한 손이 결국에는 힘을 얻을 것이라는 확신
때문입니다!

10-16 자네들 모두 다시 시작하고,
다시 시도해 보고 싶을지 모르겠네.
나는 지금까지 자네들이 한 말에서
한 줌의 지혜도 발견하지 못했다네.
내 인생은 거의 끝났네. 내 모든 계획은 부서졌고
희망은 꺼져 버렸어.
밤이 지나고 낮이 오리라는 희망,

새벽이 밝아 올 것이라는 희망이 사라졌다네.
내가 기대할 집은 묘지뿐이고
내가 바랄 위로가 튼튼한 관뿐이라면,
가족을 다시 만날 길이 한 길 땅속으로 내려가는 것이고
거기서 만날 가족이 벌레들뿐이라면,
그런 것을 희망이라 말할 수 있겠나?
도대체 누가 그런 것에서 희망을 찾겠나?
아닐 것이네. 내가 희망과 함께 묻히는 날,
자네들은 우리 둘의 합동장례식에 참석하게 될 걸세!"

빌닷의 두 번째 충고

18 $^{1-4}$ 수아 사람 빌닷이 끼어들었다.

"정말 지루하기 짝이 없는 말장난만 하고 있군!
정신 차리게! 문제의 핵심을 봐야 하지 않나.
자네는 왜 친구들을 우둔한 짐승 취급하는가?
우리가 아무것도 모른다는 듯 깔보고 있군.
어찌 그리 흥분하는가?
세상이 자네 입맛에 맞게 다시 설계되기를 바라는가?
자네의 편의를 위해 현실이 멈추기라도 해야 하는가?

$^{5-21}$ 악한 자의 빛은 꺼진다. 이것이 세상의 원리네.
그 불꽃은 사그라지고 소멸한다네.

그들의 집은 어두워지고
그곳의 등불은 모두 꺼져 버리지.
그들의 힘찬 발걸음은 약해져 비틀거리고
자기가 놓은 덫에 걸려든다네.
그들 모두
자신들의 형식주의에 얽매이고
발목이 붙잡히며
목에는 올가미가 씌워지지.
자신들이 숨겨 놓은 밧줄에 걸려 넘어지고
제 손으로 판 구덩이에 빠진다네.
사방에서 공포가 엄습하면
그들은 허둥지둥 달아난다네.
배고픈 무덤이 잔뜩 벼르고 있지.
저녁식사로 그들을 집어삼키고
먹음직한 요리로 차려 내서
굶주린 죽음에게 한턱 내려고 말이야.
그들은 아늑한 집에서 붙잡혀
사형수의 감방으로 곧장 끌려간다네.
그들의 목숨은 연기가 되어 올라가고
산성비가 그 잔해를 적시지.
그들의 뿌리는 썩고
그 가지는 시든다네.
그들은 다시 기억되지 못하고

묘비 없는 무덤에 이름 없이 묻힌다네.
빛에서 어둠으로 내몰리고
세상에서 내쫓긴다네.
자식 하나 두지 못한 채 빈손으로 떠나니
그들이 이 세상에 살았음을 보여줄 것이 전혀 없지.
그들의 운명을 보고 서쪽 사람들이 소스라치게 놀라고
동쪽 사람들이 기겁을 하며 이렇게 말할 걸세.
'저럴 수가! 사악한 자들에게는 저런 일이 벌어지는구나.
하나님을 모르는 자들의 말로가 저렇구나!'"

욥의 대답

19 ¹⁻⁶ 욥이 대답했다.

"자네들은 언제까지 나를 두들겨 패며
장황한 말로 나를 공격하려는가?
자네들은 나를 거듭거듭 비난하는군.
나를 이토록 괴롭히다니, 자네들은 양심도 없나?
내가 어찌어찌해서 정도에서 벗어났다 하더라도
그게 자네들하고 무슨 상관이란 말인가?
어찌하여 부득부득 나를 깎아내리고
내 불행을 회초리 삼아 나를 때리는가?
하나님께나 그리하게. 이 모든 일의 배후에는 그분이 계시고
나를 이 혼란 속으로 끌어들인 분도 그분이시니 말일세.

7-12 여보게, 내가 '살인이다!' 하고 외쳐도 다들 반응이 없고
도움을 청해도 그냥 지나쳐 버리네.
하나님이 내 길에 장애물을 두어 나를 막으시고
모든 등불을 꺼서 나를 어둠 속에 가두셨네.
나의 평판을 무너뜨리고
나의 자존심을 송두리째 앗아 가셨네.
나를 갈가리 찢어 못쓰게 만드시고
희망을 뿌리째 뽑으셨네.
하나님이 내게 노하셨네. 무섭게 노하셨어!
나를 극악한 원수로 대하시네.
무기란 무기는 다 동원하여
대대적인 공격을 가하시며
사방에서 한꺼번에 나를 덮치셨네.

13-20 하나님이 가족을 내게서 멀리 떠나게 하시니
나를 아는 자들이 하나같이 나를 피한다네.
친척과 친구들이 모두 떠나가고
집안의 손님들은 나란 사람이 있었다는 사실조차 잊었네.
여종들까지 나를 거리의 부랑자 취급하며
아는 체도 하지 않는다네.
종을 불러도 대답이 없고
간청해도 나를 무시한다네.
아내마저 더 이상 내 곁에 있기 싫어하니

나는 가족에게 불쾌한 존재가 되었다네.
거리의 부랑아들도 나를 업신여기고
내가 외출이라도 하면 조롱과 야유를 퍼붓는다네.
나와 가까이 지내던 사람들이 모두 나를 지긋지긋해하고
가장 사랑하던 이들도 나를 거부한다네.
나는 뼈만 남았고
내 목숨은 위태롭기 그지없네.

21-22 오 친구들이여, 소중한 벗들이여, 나를 불쌍히 여겨 주게나.
하나님은 나를 정말 모질게 대하셨다네!
자네들마저 나를 그렇게 대해야 하겠는가?
나를 구박하는 게 지겹지도 않은가?

23-27 내 말이 책에 기록될 수 있다면,
끌로 바위에 새길 수 있다면!
그러나 나는 아네, 하나님이 살아 계심을. 그분은 나를 되살려 주시는 분.
그분이 마침내 땅에 우뚝 서실 것이네.
나 비록 하나님께 호된 벌을 받았지만 그분을 뵐 것이네!
내 두 눈으로 직접 하나님을 뵐 것이야.
오, 어서 빨리 그날이 왔으면!

28-29 혹시 자네들이 '어찌해야 욥을 이해시킬 수 있을까?
자신의 불행이 전부 자기 탓이라는 것을 어찌 깨닫게 할 수
있을까?'
하고 생각한다면,
신경 쓰지 말고 자네들 걱정이나 하게.
자네들의 죄와 하나님의 임박한 심판이나 걱정하란 말일세.
심판이 확실히 다가오고 있으니."

소발의 두 번째 충고

20

1-3 나아마 사람 소발이 다시 말을 받았다.

"자네에게 이런 말을 듣게 되다니 믿을 수가 없군!
치가 떨리고 속이 다 울렁거리네.
어떻게 내 지성을 그렇게 모욕할 수가 있나?
자, 내 따끔하게 한마디 해주겠네!

4-11 자네는 기본도 모르나?
아담과 하와가 이 땅에 자리를 잡았던 처음부터
이어진 세상의 원리를 모르는가?
악한 자들의 좋은 시절은 오래가지 못하고
경건하지 못한 자들의 기쁨은 한순간뿐일세.
악한 자가 세계적인 명성을 얻고
누구보다 유명해져서 뻐기고 다녀도,

결국 똥 무더기 위에 처박히는 신세가 되지.

아는 사람들이 그들을 보고 역겨워하며 '저 꼴이 뭐람?' 하
고 말한다네.

그들은 기억나지 않는 꿈처럼,

빛을 받으면 사라지는 어슴푸레한 환상처럼 흩어져 버리네.

한때는 모두가 아는 유명인사였을지 몰라도 이제는 별 볼
일 없어.

어디를 가도 알아보는 사람 하나 없지.

자녀들은 밑바닥에서 구걸하고

부당하게 챙긴 이득은 남김없이 토해 내야 할 걸세.

젊고 기력이 왕성한 한창때라도

결국 버티질 못한다네.

12-19 그들은 악을 별미 맛보듯 하고

혀로 이리저리 굴려 가며

그 향이 희미해질 때까지 음미한다네.

악의 맛을 제대로 아는 사람들이지!

하지만 그러다 식중독에 걸려

복통을 호소한다네.

온갖 기름진 음식이 뱃속에서 요동을 친다네.

하나님은 그것들을 다 토해 내게 만드시지.

악을 게걸스럽게 입에 넣고 맹독을 주식으로 삼다가

그것 때문에 죽는다네.

갓 구운 빵과 치즈, 시원한 칵테일이나 음료수를 놓고
잔잔한 시냇가 옆에서 즐기는 평온한 소풍 같은 것은 그들
에게 없어.
반쯤 씹다 만 음식을 뱉어 내고
애써 얻은 것을 느긋하게 누리지도 못하네.
왜 그럴까? 가난한 자들을 착취하고
남의 것을 빼앗았기 때문이네.

20-29 하나님을 부인하는 그런 자들은
자기가 가진 것과 자기 모습에 만족하지 못한다네.
탐욕에 정신없이 휘둘리기 때문이지.
그러나 닥치는 대로 약탈을 해도
결국 손에 쥐는 것은 하나도 없다네.
다 얻었다고 생각할 바로 그때 재앙이 닥쳐서
불행이 가득 담긴 접시만 받는다네.
그들은 불행으로 배를 채우고
하나님은 그들에게 진노의 맛을 보여주시지.
한동안은 그것을 씹을 수밖에 없네.
하나의 재앙을 피해 필사적으로 달아나도
또 다른 재앙이 들이닥친다네.
연달아 두들겨 맞고
죽도록 얻어맞네.
공포의 집에 갇혀서

그동안 약탈한 물건들이 허탄하게 사라지는 광경을 보게
되지.
그들의 인생은 철저한 실패야.
동전 한 닢, 땡전 한 푼 남지 않네.
하나님이 죄에 찌든 그들의 옷을 벗기시고
모두가 볼 수 있게 그 더러운 옷가지를 큰길가에 걸어 놓으
실 걸세.
그들의 인생은 그야말로 실패작이어서
하나님의 진노 앞에서 남아날 것이 없다네.
자, 이것이 하나님이 악인들을 위해 마련하신 청사진이라네.
그들이 기대할 수 있는 전부지."

욥의 대답

21 $^{1-3}$ 욥이 대답했다.

"내 말을 잘 들어 보게나. 부디 좀 들어 보게.
그 정도의 호의는 베풀 수 있지 않나.
내가 말하는 동안만 참아 주게.
그러고 나서 나를 마음껏 조롱해도 좋네.

$^{4-16}$ 내 불평 상대는 자네들이 아니라 하나님이네.
내가 그분의 침묵을 지긋지긋해하는 것이 이상한가?
내 꼴을 좀 보게. 내게 벌어진 일이 끔찍하지 않은가?

아니! 아무 말 말게. 자네들 의견이 아쉬운 게 아니니까.
지난 일을 돌이켜 보면 또 한 번 충격을 받고
내 몸은 경련을 일으킨다네.
어찌하여 악한 자들이 그리 잘살고
장수하며 부자가 되는가?
그들은 자녀들이 성공하는 것을 보고
손주들을 보는 기쁨을 얻는다네.
그들의 집은 평화롭고 두려워할 일이 없네.
하나님의 징계의 회초리를 맞는 법도 없지.
그들의 수소는 왕성한 정력으로 씨를 퍼뜨리고
암소는 영락없이 새끼를 낳는다네.
그들은 아이들을 내보내 놀게 하고
그 아이들이 새끼 양처럼 뛰노는 것을 지켜본다네.
바이올린과 플루트로 음악을 연주하고
노래와 춤으로 즐거운 시간을 보내네.
그렇게 오래오래 풍족하게 살다가
잠자는 중에 아무 고통 없이 죽지.
그들은 하나님께 이렇게 말하네. '저리 가세요!
나는 당신이나 당신의 길에 관심 없습니다.
전능하신 하나님? 우리가 왜 당신과 어울려야 합니까?
그런다고 우리에게 무슨 이득이 있습니까?'
그들은 틀려도 크게 틀렸네. 그들은 신이 아니잖나.
그들이 어떻게 그런 행태를 이어 갈 수 있는지, 나는 도무지 모르겠네!

17-21 악한 자들이 실패하거나
재앙을 겪거나
응분의 벌을 받는 일이 몇 번이나 있던가?
불운을 겪는 경우는 또 몇 번이나 있던가?
그리 많지 않네.
자네들은 '하나님이 그들의 후손을 치기 위해 처벌을
유보하신다'고 말하겠지.
그렇다면 나는 '지금 당장 그들에게 벌을 내려
자신이 한 일을 알게 해주십시오!' 하고 구하겠네.
그들은 자신이 저지른 악의 결과를 감당하고
하나님의 진노를 온전히 느껴야 마땅하네.
안전하게 무덤 속으로 들어가 버리고 나면
가족에게 무슨 일이 벌어지든 그들이 신경이나 쓰겠는가?

22-26 그러나 하나님은 우리가 도무지 이해할 수 없는 방식으
로 일하시는 분인데,
감히 어떻게 하나님께 이래라저래라 할 수 있겠나?
어떤 사람은 만사가 순탄하여
원기왕성하게
전성기를 누리다 죽고,
또 어떤 이는 행복을 맛보지도 못한 채

가진 것 없이 비참하게 죽는다네.
하지만 묘지에 나란히 누운 두 사람을
벌레들은 분간하지 못하지.

27-33 나는 속지 않네. 자네들의 속셈을 잘 알거든.
나를 넘어뜨리려고 계획을 꾸미고 있지 않나.
자네들은 폭군의 성채가 산산조각 나고
악인의 업적이 무너진다는 순진한 주장을 하네만,
온 세상을 다녀 본 사람들의 생각을 물어본 적이 있는가?
그들의 이야기를 들어 본 적이 있는가?
악한 자들이 처벌을 면하고
악행을 저지르고도 죄값을 치르지 않았다고 하지 않던가?
그들에게 범죄의 책임을 물은 사람이 있던가?
그들이 응분의 벌을 받은 적이 있던가?
없을 걸세.
그들은 화려하고 근사한 장례식 끝에,
값비싼 무덤 속으로 우아하게 들어간다네.
그러면 다들 그가 참 훌륭한 사람이었다고 거짓말을 늘어
놓지.

34 그런데 어찌 내가 자네들의 터무니없는 소리에 위로받기
를 바라는가?
자네들의 위로는 거짓말투성이야."

엘리바스의 세 번째 충고

22 ¹⁻¹¹ 데만 사람 엘리바스가 다시 말을 받았다.

"하나님을 도와드릴 만큼 힘센 사람이 있는가? 하나님께 조언할 만큼 영특한 사람이 있는가?

자네가 의롭다 한들, 전능하신 하나님이 거들떠나 보시겠는가?

자네가 완벽한 연기를 펼친다 한들, 하나님이 박수 한 번 치실 것 같은가?

자네가 결백해서

하나님이 자네를 징계하시고 자네를 힘들게 하신다고 생각하는가?

그럴 리가! 그것은 자네가 도덕적으로 너무나 문제가 많고

자네의 죄악이 끝이 없기 때문이야.

사람들이 와서 도움을 청하면

자네는 그들의 겉옷을 빼앗고 의지할 데 없는 그들을 착취했네.

배고픈 이들에게 먹을 것은커녕 부스러기 하나 건네지 않았고

목마른 이들에게 물 한 잔 주지 않았네.

그러면서도 어마어마한 재산에 둘러싸여

모든 사람의 존경을 받고 위세를 부렸지!

자네는 불쌍한 과부들을 문전박대했고

고아들을 무정하게 짓밟았네.

이제 자네가 공포에 사로잡히고, 두려움에 벌벌 떨고 있군.
갑자기 형세가 뒤바뀌었어!
칠흑 같은 어둠 속에서
물이 넘쳐 목까지 차오르는 신세가 되니 어떤가?

12-14 하나님의 다스리심을 자네도 인정하지 않나?
별들을 보게! 그분이 우주를 다스리시네.
하지만 자네는 감히 이렇게 묻는군. '하나님이 무엇을 아시
겠어?
저 멀리 어둠 속에서 어떻게 심판하시겠어?
구름에 둘러싸여 하늘에서만 서성이시는데
어떻게 우리를 보시겠어?'

15-18 자네는 악한 자들이 옛날부터 줄기차게 걷던
그 길을 고집할 참인가?
그러다 그들이 어떻게 되었는가? 젊은 나이에 죽거나
갑작스러운 홍수에 휩쓸려 죽었네.
그들은 하나님께 '꺼지시지!
전능하신 하나님 따윈 필요 없어!' 하고 말하지만,
그들이 가진 모든 것을 주신 분이 바로 하나님이시네.
그들이 어떻게 그런 행위들을 이어 갈 수 있는지, 나는 도무
지 모르겠네!

19-20 착한 사람은 나쁜 자들이 망하는 것을 보며 잔치를 벌인다네.
그들은 안도하며 환성을 지르지.
'마침내 우리의 원수가 전멸하고
그들이 소유하고 추구하던 모든 것이 연기처럼 사라지는구나!'

21-25 하나님께 순복하고 그분과 화해하게.
그러면 모든 것이 좋아질 것이네.
어찌해야 할지 알려 달라고 그분께 청하고
그분의 말씀을 마음에 새기게.
전능하신 하나님께 돌아오게.
그러면 회복될 걸세.
자네 안에 있는 모든 악을 치워 버리게.
돈을 움켜쥔 손을 놓고
금칠한 사치품을 버리게.
전능하신 하나님이 자네의 보물이 되시고
자네가 상상도 못한 값진 보화가 되어 주실 것이네.

26-30 자네는 전능하신 하나님으로 인해 즐거워하고
기쁜 마음으로 그분을 담대하게 바라보게 될 걸세.
자네가 기도하면 그분이 귀 기울여 들으시고
자네가 서원한 대로 할 수 있도록 도우실 걸세.
자네가 원하는 일이 이루어질 것이고

자네 인생은 빛으로 둘러싸일 것이네.
무기력한 자들을 위해 자네가 '기운 내게! 용기를 내게!' 하면
하나님이 그들을 구해 주실 것이네.
그래, 죄 지은 자들도 죄에서 빠져나올 수 있네.
자네 삶에 임한 하나님의 은혜가 그들의 탈출 통로가 될 거야."

욥의 대답

23 ¹⁻⁷ 욥이 대답했다.

"나는 잠잠히 있지 않겠네. 물러서지 않을 걸세.
나의 항변은 정당하네.
하나님이 나를 이렇게 대하실 수는 없어.
공정하지 않아!
하나님을 어디에서 찾을 수 있는지만 알면
당장 그분께 가련만.
그분을 뵙고 나의 사정을 설명하고
그분 앞에서 직접 나의 주장을 펼치련만.
그분의 생각을 정확히 파악하고
그분의 의도를 알아낼 수 있으련만.
그분이 나를 물리치시거나 힘으로 누르실 것 같은가?
아닐세. 그분은 내 말을 진지하게 들어주실 거네.
내가 올곧게 살아온 사람임을 알아보실 거네.
재판관께서 내 모든 혐의에 대해 무죄 판결을 내리실 거네.

8-9 동쪽으로 가서 찾아도 그분은 보이지 않고
서쪽으로 가도 흔적이 없구나.
북쪽으로 가 보아도 자취를 숨기셨고
남쪽에 가도 뵐 수가 없구나.

10-12 그러나 그분은 내가 어디에 있으며 내가 무엇을 하는지
아신다네.
그분이 아무리 철저히 나를 시험하셔도,
나는 영예롭게 그 시험에 합격할 걸세.
나는 가까이에서 그분을 따랐고 그분의 발자취를 좇았네.
한 번도 그분의 길에서 벗어나지 않았네.
나는 그분의 말씀을 모두 지켰고
그분의 조언을 따랐으며 그것을 소중히 간직했네.

13-17 그러나 그분은 절대 주권자시니 누가 그분께 따질 수
있겠는가?
원하는 일을 원하실 때 행하시는 분이 아닌가.
그분은 나에 대해 정하신 일을 빠짐없이 이루실 것이고
그 외에도 하고자 하시는 모든 일을 이루실 것이네.
그러니 그분 뵙기가 두려울 수밖에 없지 않겠는가?
생각만 해도 두려워지는구나.
하나님이 나를 낙심하게 하신다!
전능하신 하나님이 나를 벌벌 떨게 하신다!

나는 칠흑 같은 어둠 속에 있어,
손을 눈앞에 갖다 대도 아무것도 보이지 않는다.”

24   ¹⁻¹² “전능하신 분이 심판의 날을 감추시는 게 아니라면

어째서 우리에게 알려 주시지 않는가?
살인을 저지르고, 도둑질과 거짓말, 불법적인 일들을 밥 먹듯 하고도
무사히 넘어가는 자들이 있지 않은가?
그들은 가난한 이들을 등치고
불행한 이들을 착취하며,
의지할 데 없는 자들을 도랑에 밀어 넣고
약자들을 괴롭혀 생명의 위협을 느끼게 하네.
가난한 이들은 길 잃은 개와 고양이처럼
뒷골목에서 먹을 것을 찾아 헤매거나
부자들의 쓰레기통을 뒤지며
동냥으로 근근이 살아간다네.
집이 없는 그들은 추운 거리에서 떨며 밤을 지새우고
머리 누일 곳조차 찾지 못하네.
비바람에 몸이 젖고 얼어
임시 대피소로 모여들지.
젖먹이 아기를 둔 엄마들은 아기를 빼앗기고

가난한 이들의 어린 자녀들은 납치되어 팔려 가네.
그들은 올이 거의 다 빠진 누더기 차림으로 돌아다니고
열심히 일해도 늘 굶주리네.
등골 빠지게 일해 봤자
남는 게 없어.
사람들이 여기저기서 죽어 가며 고통에 신음하고 있네.
가엾은 이들이 도와 달라고 부르짖건만,
하나님은 아무 문제 없다는 듯 침묵만 지키시네!

13-17 기어이 빛을 피하는 자들이 있더군.
빛이 가득한 길을 피하는 자들이지.
해가 떨어지면 살인자는 자리에서 일어나
가난한 이들을 죽이고 무방비 상태의 사람들을 유린한다네.
성폭력범들은 땅거미가 지기를 기다렸다가
'이제는 아무도 우리를 알아보지 못하겠지' 생각하네.
강도들도 밤중에 제 일을 하고
낮에는 도통 모습을 드러내지 않지.
그들은 낮과 엮이기를 원하지 않아.
그런 작자들에게는 깊은 어둠이 아침이니
무시무시한 어둠을 공범으로 삼는다네.

18-25 그들은 물 위에 떠 있는 나무토막이요
아무짝에도 쓸모없는 저주받은 쓰레기와 같지.

뜨거운 여름 태양 아래 눈이 녹듯이
죄인들은 무덤 속으로 사라진다네.
모태도 그들을 잊고, 구더기가 그들을 맛있게 먹어 치우지.
악한 것은 오래가지 못하는 법이지.
그들은 파렴치하게도
불행한 이들을 약탈한다네.
잔뜩 뽐내며 힘자랑을 해도
빛 좋은 개살구에 불과하지. 그들은 아무것도 아니야.
자신은 안전하다고 착각할지 몰라도
하나님이 그들을 눈여겨보신다네.
잠시 성공을 거두는 듯해도
오래가지 않고 결국에는 내놓을 것이 하나도 없어지네.
철 지난 신문처럼
쓰레기를 싸는 데 쓰일 뿐이지.
나를 거짓말쟁이로 모는 것은 자네들 자유네만,
뜻대로 되지는 않을 걸세."

빌닷의 세 번째 충고

25
1-6 수아 사람 빌닷이 다시 욥을 비난했다.

"하나님은 주권자시요, 무시무시한 분이시네.
우주의 모든 것이 그분의 계획대로 착착 움직이지.
그분의 천군천사를 누가 다 헤아릴 수 있겠는가?

어딘들 그분의 빛이 비치지 않겠는가?
한낱 인간이 어찌 하나님께 맞설 수 있겠는가?
별 볼 일 없는 사람이 어찌 죄 없는 체할 수 있겠는가?
하나님이 보실 때는 달도 흠이 있고
별들도 완전하지 않거늘,
그에 비하면 민달팽이와 구더기에 불과한
평범한 사람들이야 더 말할 나위가 있겠는가?"

욥의 대답

26

1-4 욥이 대답했다.

"힘없는 사람에게 정말이지 큰 힘이 되어 주는군!
절묘하게 때를 맞추어 도우러 왔어!
혼란에 빠진 사람에게 그런 멋진 충고를 하다니!
통찰력이 정말 기가 막히군!
도대체 이 모든 것을 어디서 배웠나?
어디서 그렇게 대단한 영감을 얻었는가 말이네.

5-14 죽어 땅에 묻힌 모든 자와
깊고 깊은 바다에 빠져 죽은 모든 이가 고통으로 몸부림치네.
하나님 앞에서는 지옥이 활짝 열리고
무덤도 파헤쳐져 훤히 드러난다네.
그분은 형체 없는 공간에 하늘을 펼치시고

텅 빈 허공에 땅을 매다시네.
뭉게구름 자루에 물을 부어 넣으시고
그 자루가 터지지 않게 하시지.
시간이 지남에 따라 달이 적절히
찼다 이울었다 하게 하시네.
태양 위에 수평선을 그으시고
빛과 어둠의 경계를 정하신다네.
하늘에서 우르릉 쾅쾅 천둥소리가 들려오는군.
들어 보게! 하나님이 언성을 높이시네!
그분은 능력으로 바다 폭풍을 잠재우시고
지혜로 바다 괴물을 길들이신다네.
입김 한 번으로 하늘을 맑게 하시고
손가락 하나로 바다뱀을 눌러 버리시네.
그러나 이것은 시작일 뿐,
그분의 통치를 알리는 속삭임에 불과하네.
하나님이 제대로 언성을 높이시면 우리가 무엇을 할 수 있
겠나?"

세 친구에 대한 욥의 대답

27 ^1-6 욥이 소발의 대꾸를 기다리다 다시 말을 이었다.

"살아 계신 하나님! 그분이 나를 부당하게 대하셨네!
전능하신 하나님! 그분이 내 인생을 파괴하셨네!

그러나 내게 숨이 붙어 있는 한,
하나님이 내게 생명을 불어넣으시는 한,
참되지 않은 말은 한 마디도 하지 않을 걸세.
그 어떤 엉터리 죄목도 인정하지 않을 걸세.
나는 자네들이 고발하는 내용을 인정할 수 없네.
목숨을 걸고 내 결백을 주장하겠네.
나의 결백을 꽉 붙들고 놓지 않을 것이며
결코 후회하지 않겠네.

7-10 내 원수의 사악한 실체가 드러났으면!
내 대적의 유죄가 밝혀졌으면!
하나님을 모르는 자들의 목숨이 갑자기 끊어지면,
하나님이 그들의 인생을 끝장내시면, 그들에게 무슨 희망이
있을까?
재난이 닥칠 때,
도움을 청하는 그들의 소리를 하나님이 들으실 것 같은가?
그들이 전능하신 분께 관심을 보인 적이 있던가?
그들이 과연 기도한 적이 있던가?

11-12 나는 자네들에게 하나님의 일하심을 분명하게 보여주
었네.
전능하신 하나님에 대해 어떤 것도 감추지 않았어.
증거는 바로 자네들 앞에 있네. 자네들이 직접 볼 수 있지.

그런데도 어찌 허튼소리를 계속하는가?

13-23 자네들이 했던 말을 그대로 자네들에게 돌려주겠네.

'이것이 하나님이 악한 자들을 다루시는 방식이요
악한 자들이 전능하신 하나님께 받을 몫일세.
그 자식들은 모두 비명횡사하고
식탁에 올릴 빵이 부족할 것이네.
그들은 전염병으로 죽을 것이나
과부들은 남편이 죽어도 눈물 한 방울 흘리지 않을 걸세.
그들이 제아무리 돈을 많이 벌고
최신 유행에 맞는 멋진 옷들을 사들여도,
결국에는 선한 사람들이 그 옷을 입고
착한 사람들이 그 돈을 나누어 가질 거야.
그들이 아무리 근사한 집을 지어도
그 집은 한 차례의 겨울도 버티지 못할 걸세.
부자로 잠자리에 들지만
깨어나 보면 빈털터리라네.
두려움이 홍수처럼 그들을 덮칠 것이네.
한밤중에 회오리바람이 불어 그들을 날려 보내고
폭풍이 그들을 휩쓸 것이네!
그들의 흔적은 발자국 하나 남지 않게 될 걸세.
온갖 재해가 가차 없이 그들을 뒤쫓아

달아날 곳도, 숨을 곳도 없을 것이네.
비바람에 사정없이 얻어맞고
폭풍으로 완전히 찢길 것이네.'"

28

1-11 "우리는 은을 품은 광맥이 있다는 것과
어떤 광석에서 금을 정련해 내는지 알고 있네.
철은 땅속에서 캐내고
구리는 광석을 녹여 얻지.
광부들은 어두운 땅속을 뚫고 들어가
산의 뿌리를 더듬어 광석을 찾고,
숨 막히는 어둠 속에서 파고 또 판다네.
그들은 사람들의 자취가 없는 먼 곳에
수직 갱도를 파고
밧줄을 내려 갱도 안으로 들어가네.
지구 표면이 곡창지대라면
그 심층은 대장간이라서
광석에서 사파이어를 떼어 내고
암석에서 금을 캐내지.
독수리는 그 가치를 알지 못하고
매는 거기에 눈을 두지 않네.
들짐승들은 그것을 의식하지 못하고
사자는 그것이 거기 있는지도 모른다네.

그러나 광부들은 바위를 깨부수고
산을 뿌리째 파헤치네.
암석에 갱도를 뚫어
온갖 아름다운 보석을 찾아낸다네.
그들은 강의 근원을 발견하고
땅에 숨겨진 여러 보물을 캐낸다네.

12-19 하지만 지혜는 어디서, 도대체 어디서 찾을까?
통찰력은 어디에 숨어 있을까?
사람들은 도무지 감도 못 잡고
어디를 찾아봐야 할지 전혀 모른다네.
지구의 심층은 '여기에는 없다' 말하고
깊은 바다에서는 '그런 것은 들어 본 적도 없다'는 소리가 메
아리쳐 오네.
지혜는 순금으로도 살 수 없고
아무리 많은 은을 갖다 바쳐도 구할 수 없어.
유명한 오빌의 금으로도 살 수 없고
다이아몬드와 사파이어로도 안되네.
금이나 에메랄드는 비할 바가 못 되고
화려한 보석들도 어림없지.
진주 목걸이나 루비 팔찌 따위야 더 말할 것도 없네.
하나같이 지혜를 사는 데 필요한 계약금에도 못 미치지!
황금이나 아프리카 다이아몬드를 아무리 높이 쌓아도

지혜의 상대가 될 수 없다네.

20-22 그럼 지혜는 어디에서 오며
통찰력이 있는 곳은 어디일까?
아무리 둘러보아도
아무리 깊이 파 들어가도, 아무리 높이 날아도 찾을 수 없네.
묘지를 샅샅이 뒤지고 죽은 이들에게 물어보게.
'우리도 그것의 소문만 들어 봤소' 하고 말할 걸세.

23-28 지혜에 이르는 길은 하나님만 아시고
지혜를 찾을 수 있는 곳 역시 그분만이 아신다네.
그분은 지상의 모든 것이 어디에 있는지 아시고
하늘 아래 모든 것을 보신다네.
바람에게 명하여 불게 하시고
물의 양을 재어 나누시고
비가 어떻게 내릴지 정하시고
천둥번개가 터지게 하신 후에,
하나님은 지혜를 보셨네.
지혜를 시험하고 만반의 준비를 갖추게 하셔서
언제든 쓰일 수 있도록 만드셨네.
그러고 나서 사람들에게 말씀하셨지. '여기 지혜가 있다!
주님을 경외하는 것이 지혜이며,
악을 멀리하는 것이 통찰력이다.'"

욥의 마지막 대답

29 1-6 욥이 답변을 계속했다.

"오, 지나간 좋은 시절,
하나님이 너무나 잘 보살펴 주시던 그때가 그립다네.
그분은 언제나 내 앞길에 등불을 비추시고
나는 그 빛에 의지해 어둠 속을 걸었지.
오, 지나간 황금 시절,
하나님과의 우정으로 내 집이 환하게 빛나던 때가 아쉽다네.
그때는 전능하신 분이 내 곁에 계시고
내 아이들도 품 안에 있었는데.
만사가 내 뜻대로 되었고
어려운 것이 없어 보였는데.

7-20 내가 중심가로 가서
친구들과 함께 광장에 앉으면,
나이가 많든 적든 간에 내게 예를 갖춰 인사하고
마을의 모든 사람이 나를 존경했었지.
내가 말하면 다들 귀를 기울이고
토씨 하나까지 새겨들었지.
나를 아는 이들은 다들 나를 좋게 말하고
어딜 가나 좋은 평판을 얻었네.
나는 곤경에 처한 사람들을 돕고

불행한 이들의 처지를 대변했어.
죽어 가는 이들이 나를 축복하고
유족들도 나의 조문을 받고 힘을 얻었지.
나는 늘 사람들을 따뜻하게 대하고
만나는 모든 사람을 공정히 대하는 사람으로 알려졌지.
눈먼 이에게는 눈이 되어 주고
발을 저는 이에게는 발이 되어 주었네.
궁핍한 이들의 아버지였고
학대받는 외국인들의 권리를 옹호했지.
노상강도들의 목덜미를 움켜잡아
훔친 것들을 돌려주게 했어.
그래서 나는 '내가 천수를 누린 것에 감사하며
내 침상에서 편안히 죽을 수 있겠구나' 생각했지.
'물가에 깊이 뿌리내린 나무 같고
싱싱하고 이슬 머금은 나무 같은 내 인생,
죽는 그날까지 내 영혼이 영광에 싸이고
내 육신은 쇠하지 않겠구나' 여겼었지.

21-25 내가 말하면 사람들이 귀를 기울였고
기대하는 눈빛으로 내 말을 토씨 하나까지 새겨들었네.
내가 말을 마치고 나면 그들은 말없이
내 말을 곱씹었지.
그들은 나의 조언을 봄비처럼 반기며

남김없이 받아 마셨어.
내가 그들을 향해 웃어 주면 그들은 믿을 수 없어 했지.
얼굴이 환해지면서 시름을 잊어버리곤 했네.
내가 그들의 지도자로 분위기를 주도하고
모범을 보이면, 그들도 그 길을 따라 살았다네.
내가 이끄는 대로 따라왔지."

30

1-8 "그러나 이제는 아닐세. 이제 나는 저들의 비웃음거리요
나이 어린 불량배와 애송이들의 조롱거리가 되었네!
내가 그 아비들을
미숙한 하룻강아지 정도로 여겼었는데.
저들은 아비보다 못한 작자들이네. 아무짝에도 쓸모없는
길바닥의 더러운 동물이지.
그들은 굶주린 채 먹을 것을 찾아 뒷골목을 뒤지고
달을 보고 짖어 대네.
집도 없이 떠돌며
닳아 빠진 뼈다귀나 씹고 낡은 깡통이나 핥는 자들,
위험한 불량자로 찍혀
마을에서 쫓겨난 자들이네.
누구에게도 환영받지 못하고
쫓겨나 버렸지.

자네들도 마을 변두리에서 나는 소리를 들을 수 있을 걸세.
그것은 쓰레기장에 모여 요란하게 짖어 대는 무리,
처참하게 쫓겨나
이름도 없이 구걸하는 무리가 내는 소리일세.

9-15 이제 나는 그들의 표적이 되어
학대와 조롱과 비웃음을 받는다네.
그들이 나를 혐오하고 욕하네.
악당 같은 놈들이 내 얼굴에 침까지 뱉는다네!
하나님이 나를 망하게 하시고 그대로 내팽개치시니,
그들이 거침없이 내게 달려들어 온갖 행패를 부린다네.
보이지 않는 곳에서 불쑥 다가와서,
다리를 걸어 나를 쓰러뜨리고 공격하네.
그들이 나를 망가뜨리기로 작정하고
내 앞에 온갖 장애물을 놓는데도
누구 하나 몸을 일으켜 나를 돕지 않아!
그들은 쇠약해진 내 몸에 폭행을 가하고
망가져 쑥대밭이 된 내 인생을 짓밟는다네.
두려움이 나를 덮쳐
내 위엄이 갈기갈기 찢기고,
구원의 희망은 연기처럼 사라졌네.

16-19 고통이 나를 붙잡고 놓아주지 않으니

이제 내 기력이 다하였네.
밤에는 뼈마디가 쑤시고
고통이 멈추지 않네.
손발이 묶이고 목에는 올가미가 걸렸어.
몸을 비틀고 몸부림치다가
진흙탕에 처박혀,
온통 진흙투성이가 되었네.

20-23 하나님, 내가 도와 달라고 소리쳐도 주께서는 가만히
계십니다.
아무 답도 주지 않으십니다!
이렇게 주님을 바라보고 서서 항의하는데도,
주께서는 빤히 바라만 보고 계십니다!
주께서 나를 이리저리 때리고 걷어차시니,
나를 괴롭히는 분이 되셨습니다.
한때 주께서 나를 높이 들어 올리셔서 의기양양했으나,
다음 순간 높은 곳에서 떨어뜨리시니 나는 산산조각 났습니다.
이제 알겠습니다. 주께서는 나를 죽여
한 길 땅속에 두실 작정이시군요.

24-31 내가 무슨 짓을 했기에 이러십니까?
도움을 청하는 사람을 때리기라도 했습니까?
어렵게 사는 이들을 위해 내가 울지 않았습니까?

가난한 이들의 처지를 보고 아파하지 않았습니까?

그런데 이 어찌 된 일입니까?

선을 기대했건만 악이 모습을 드러내고,

빛을 바랐건만 어둠이 깔립니다.

속이 쉴 새 없이 울렁거리고 도무지 진정되지 않습니다.

날이 갈수록 더 큰 고통이 찾아옵니다.

어디를 가든 먹구름이 끼어 있습니다. 해는 보이지도 않습니다.

나는 사람들이 모여 있는 곳에 서서 항의하는 신세가 되었습니다.

이리와 함께 짖고

올빼미들과 함께 웁니다.

내 몸은 멍투성이에다

고열로 불덩이 같습니다.

내 바이올린은 구슬픈 음악만 연주하고,

내 피리에서는 애곡이 흘러나옵니다."

31

¹⁻⁴ "나는 젊은 여인을 음탕하게 바라보지 않겠다고

내 자신과 단단히 약속했네.

이런 내가 하나님께 무엇을 기대해야 합당하겠나?

전능하신 하늘의 하나님께로부터 무엇을 받아야 마땅하겠나?

재앙은 악한 자들의 몫으로 따로 준비된 것이 아닌가?
잘못을 저지른 자들에게 닥쳐야 하지 않겠는가?
하나님은 내가 어떻게 사는지 지켜보시고
내 발걸음을 낱낱이 헤아리지 않으시는가?

5-8 내가 거짓과 단짝이 되어 다니거나
속임수와 어울린 적이 있는가?
내 죄를 저울에 정확히 달아 보시라고 하게.
그러면 내가 정직한 사람이라는 증거를 얻게 되실 것이네.
내가 곧고 좁은 길에서 벗어나
내 것이 아닌 것을 원했다면,
죄와 놀아난 적이 있었다면,
그냥 두지 마시고
내 재산을 합당한 사람에게 나눠 주시라고 하게나.

9-12 내가 여인의 유혹에 넘어가
그 여인과 동침할 마음을 먹기라도 했다면,
내 아내가 가만히 보고 있지 않고
다른 남자와 동침한다 해도 나는 아무 말 못할 걸세.
그런 역겨운 죄에 대해서라면
어떤 벌이라도 달게 받겠네.
간음은 집을 송두리째 태우는 불이니,
내가 소중히 여기는 모든 것이 그 불로 인해 사라질 걸세.

13-15 아랫사람들이 내게 불만을 표출했다고 해서
내가 그들을 부당하게 대한 적이 있던가?
그랬다면 하나님 앞에서 내가 무슨 말을 할 수 있겠나?
하나님이 내 장부를 조사하실 때 감히 뭐라 말씀드리겠나?
나를 만드신 하나님이 그들도 만들지 않았나!
우리 모두 같은 재료로 만들어져, 하나님 앞에서 동등한 존
재가 아닌가!

16-18 내가 가난한 이들의 어려움을 무시하고
궁핍한 이들을 외면한 적이 있던가?
그들이 쇠진할 때,
내 사정만 살피고 내 배만 채웠던가?
내 집의 문이 그들에게 항상 열려 있었고,
그들을 항상 식탁으로 맞아들이지 않았던가!

19-20 가난한 가족이 따뜻한 옷이 없어 추위에 떨도록
그냥 내버려 둔 적이 있던가?
내가 건넨 겉옷을 보고
그들이 나를 축복하지 않았던가!

21-23 내가 내 힘과 영향력을 믿고
불행한 자들을 착취한 적이 한 번이라도 있는가?
그렇다면 주저 말고 내 두 팔을 부러뜨리고

손가락을 모두 잘라 버리게!
내가 하나님을 경외하기에 이런 일들을 하지 않았네.
그랬다면 내가 어찌 그분의 얼굴을 똑바로 뵐 수 있겠나?

24-28 내가 크게 한몫 잡기를 바라고
은행을 숭배했던가?
재산이 많다고 우쭐거리거나
부유함을 뻐기기라도 했던가?
해의 찬란함에 경외감을 느끼고
달의 아름다움에 마음을 빼앗긴 나머지,
남몰래 그것들을 숭배한 적이 있던가?
그랬다면 하나님을 배신한 것이니
어떤 벌이라도 기꺼이 받겠네.

29-30 내가 원수의 파멸을 보고 환성을 지르거나
경쟁자의 불행을 고소해한 적이 있는가?
아닐세. 나는 험담 한 마디 한 적 없고
작은 목소리로 그들을 저주한 적도 없네.

31-34 내 집에서 일한 사람들이 이렇게 말하지 않았던가?
'주인님은 우리를 잘 먹이셨습니다. 언제나 한 그릇 더 먹게
해주셨지요.'
나는 여행자가 거리에서 자도록 내버려 둔 적이 없네.

우리 집은 여행자들에게 늘 열려 있었지.
내가 사람들의 입이 무서워,
이웃의 험담이 두려워
은둔을 선택했던가?
아담처럼 죄를 숨기고
잘못을 덮으려고 문을 닫아걸었던가?
자네들도 잘 알다시피 나는 그러지 않았네.

35-37 오, 누구 내 말을 들어줄 사람 없을까!
나는 답변서를 작성하고 서명까지 마쳤네.
이제는 전능하신 분께서 대답하실 차례일세!
그분의 기소장을 보고 싶군.
내 답변서는 누구나 볼 수 있네.
그 내용을 종이에 큼지막하게 써서 동네를 돌 생각이거든.
나는 왕자부터 거지까지 모든 사람들에게
내 삶의 행적을 낱낱이 해명할 생각이네.

38-40 내가 경작하는 땅이 나를 고소하거나
밭이랑들이 혹사를 당해 눈물을 흘린다면,
나의 이익을 위해 땅을 훼손하거나
정당한 땅 주인들을 쫓아낸 적이 있다면,
그 땅에서 밀 대신 엉겅퀴가 자라고
보리 대신 잡초가 나도록 저주해도 무방하네."

이로써 세 친구를 향한 욥의 말이 끝났다.

엘리후의 첫 번째 충고

32 ¹⁻⁵ 욥의 세 친구는 침묵에 잠겼다. 할 말을 다 했는데도 욥이 자신의 잘못을 조금도 인정하지 않고 완강하게 버티니 어찌할 도리가 없었다. 이렇게 되자 엘리후는 화가 났다. (엘리후는 람 족속 출신인 부스 사람 바라 겔의 아들이다.) 그는 하나님보다 자신이 의롭다고 주장하는 욥을 참을 수 없었고, 욥의 말에 변변히 대답도 못하고 그의 잘못을 입증하지 못하는 세 친구도 못마땅했다. 그들보다 나이가 어렸던 엘리후는 자신이 말할 기회를 기다리고 있었는데, 세 사람이 논증에 지친 것을 보고 참아 왔던 분노를 터뜨렸다.

⁶⁻¹⁰ 부스 사람 바라겔의 아들 엘리후가 말했다.

"나는 어리고
어르신들은 연로하신 데다 경험도 많습니다.
그래서 나는 지금까지 입을 다물고
논의에 끼어드는 것을 자제했습니다.
나는 줄곧 생각했습니다. '경험의 힘이 드러나겠지.
저분들은 오래 살아온 만큼 더 지혜로울 거야.'
그러나 내 생각이 틀렸음을 깨달았습니다.
지혜로운 사람에게 통찰력을 주는 것은

사람 안에 있는 하나님의 영, 곧 전능하신 분의 숨결이더군요.
전문가가 지혜를 독점하는 것은 아니며
나이가 들었다고 반드시 분별력이 있는 것도 아니더군요.
그래서 나도 소신을 밝히기로 했습니다. 잘 들어주십시오!
내 생각을 정확히 말씀드리지요.

11-14 어르신들이 말할 때 한 마디도 놓치지 않고
귀 기울여 들었습니다.
적절한 말을 찾으시는 동안
귀를 쫑긋 세웠습니다.
그런데 어르신들이 입증한 게 있습니까? 하나도 없습니다.
어르신들의 말은 욥의 마음을 전혀 움직이지 못하더군요.
'우리는 할 만큼 했다.
이제는 하나님이 욥을 정신 차리게 하실 차례다' 하고 변명
하지 마십시오.
욥은 아직 나와 논쟁하지 않았습니다만,
나는 어르신들과 같은 논리를 사용하지 않을 테니 염려 놓
으십시오.

15-22 이제 세 분께서는 달리 하실 말씀이 없습니까?
물론 없을 겁니다! 어르신들은 완전히 엉터리니까요!
어르신들이 하던 말을 딱 멈추었으니
내가 더 이상 기다릴 이유가 없겠지요?

내 의견을 말할 준비가 되었습니다. 그렇습니다!
내가 말할 차례입니다. 때가 되었습니다!
나는 할 말이 많습니다.
당장이라도 속에서 터져 나올 것 같습니다.
땅 밑의 용암처럼 끓어오릅니다.
폭발 직전의 화산 같습니다.
속 시원히
속에 있는 말을 해야겠습니다.
돌려 말하지 않겠습니다.
진실을, 오로지 진실만을 말하겠습니다.
나는 누구에게도 아첨할 줄 모르지만,
혹시라도 그랬다가는 나를 만드신 분이 지체 없이 나를 처
단하실 것입니다!"

33

¹⁻⁴ "욥이여, 내 말을 끝까지 들어주십시오.
부디 내 말에 귀 기울여 주십시오.
심사숙고한 내용을
말하는 것입니다.
다른 숨겨진 의도가 있는 것은 아닙니다.
내 마음을 정직하게 토로하는 것입니다.
하나님의 영이 지금의 나를 만드셨고
전능하신 하나님의 호흡이 내게 생명을 주셨습니다!

5-7 할 수 있겠거든 내가 틀렸음을 입증해 보십시오.
주장을 펼쳐 보십시오. 스스로를 변호해 보십시오.
자, 나는 당신과 다를 바 없는 인간입니다.
우리 둘 다 흙으로 만들어졌습니다.
그러니 이 상황을 같이 풀어 나가 봅시다.
내가 드세게 나간다고 기가 죽지 않았으면 합니다.

8-11 당신은 이렇게 말했습니다.
내 귀로 똑똑히 들었습니다.
'나는 결백하네. 잘못한 게 없어.
믿어 주게. 나는 깨끗하네. 양심에 거리낄 게 없어.
그런데 하나님이 자꾸만 나를 괴롭히시고
나를 원수 대하듯 하신다네.
나를 감옥에 처넣으시고
끊임없이 감시하시네.'

12-14 하지만 분명히 말하겠습니다.
욥이여, 당신은 완전히 잘못 생각하고 있습니다!
하나님은 그 어떤 사람보다도 훨씬 크십니다.
그런데 어찌 감히 그분을 법정으로 불러 놓고
당신의 비난에 답하시지 않는다고 불평합니까?
하나님은 어떤 식으로든 항상 응답하십니다.
사람들이 때로 그 사실을 인식하지 못할 뿐이지요.

15-18 예를 들어, 사람이 곯아떨어지거나
곤히 잠들었을 때,
하나님은 꿈이나 밤의 환상을 통해
그의 귀를 여시고
여러 차례의 경고로 경각심을 심어 주십니다.
그가 계획하는 나쁜 일이나
무모한 선택에서 돌이켜,
때 이른 죽음을 당하거나
돌아올 수 없는 강을 건너는 일이 없도록 보호하시려는 것
입니다.

19-22 그런가 하면 그가 고통을 겪게 하시거나
병상에 드러눕게 하여 관심을 유도하기도 하시는데,
그렇게 되면 그는 음식을 보기만 해도 질색을 하고
입맛을 잃어, 평소 즐겨 먹던 요리마저 싫어하게 됩니다.
살이 빠지고 비쩍 말라
앙상하게 뼈만 남습니다.
죽음의 낭떠러지에 매달려
당장이라도 숨이 끊어질 수 있음을 깨닫게 됩니다.

23-25 그러나 그때라도 천사가 나타날 수 있습니다.
수천이나 되는 수호자 중 하나가 그를 위해 올 것입니다.
보냄을 받고 찾아온 천사가 자비롭게 개입하여

'내가 그의 몸값을 받았다!'는 말로
사형선고를 취소시킬 것입니다.
그러면 사람이 무슨 일인지 깨닫기도 전에 자신의 몸이 회
복되어,
건강을 되찾을 것입니다!

26-28 또 사람 자신이 무릎을 꿇고 하나님께 기도할 수도 있
습니다.
하나님은 그것을 좋아하십니다!
사람은 하나님의 미소를 보고,
그분과의 올바른 관계가 회복되었음을 깨닫습니다. 그리고
기뻐합니다.
그는 만나는 모든 사람 앞에서 하나님을 찬양하고
이렇게 증언할 것입니다. '난 인생을 엉망으로 살았지.
정말이지 무가치한 삶이었어.
하지만 하나님이 개입하셔서, 완전히 죽은 목숨이었던 나를
구하셨어.
나, 다시 살아났어! 다시 빛을 보게 되다니!'

29-30 하나님은 이런 식으로
거듭거듭 일하십니다. 확실한 파멸에서 우리 영혼을 끌어내
십니다.
그러면 우리는 빛을 보고 빛 안에서 살게 됩니다!

31-33 욥이여, 내 말에 귀를 기울이십시오.

아직 끝나지 않았으니, 말을 끊지 말고 계속 들으십시오.

그러나 혹시 내가 알아야 할 것이 있다면 말해 주십시오.

나는 당신이 누명을 벗기를 무엇보다 바라니까요.

할 말이 없다면 잠자코 들어주십시오. 내 말을 끊어

혼란스럽게 하지 마십시오.

그럼 이제부터 지혜의 기본을 가르쳐 드리겠습니다.”

엘리후의 두 번째 충고

34

1-4 엘리후가 계속해서 말했다.

“훌륭하신 어르신들, 내 말을 듣고

생각하는 바를 알려 주시기 바랍니다.

여기서 벌어지고 있는 상황을 제대로 파악하려면

머리를 맞대고 상의해야 하니까요.

이 정도는 누구나 아는 상식입니다.

누구나 맛을 느낄 수 있는 것처럼 말입니다.

5-9 들으신 것처럼 욥은 이렇게 말합니다. ‘나는 옳다.

그런데 하나님은 내게 공정한 재판을 허락하지 않으신다.

나는 스스로를 변호하는 자리에서 거짓말쟁이라는 소리를

들었고

잘못한 것이 없는데도 처벌을 받았다.’

이보다 더 심한 말을 들어 보신 적이 있습니까?
욥의 눈에는 보이는 것이 없답니까?
나쁜 친구들과 너무 많은 시간을 보낸 걸까요?
엉뚱한 무리와 너무 오래 어울려 다닌 걸까요?
그래서 '하나님을 기쁘게 해드리려고 애써 봐야 소용없다'는
그들의 말을 앵무새처럼 따라하게 된 걸까요?

10-15 어르신들은 이런 문제를 능숙하게 다루는 분들이니
나와 의견이 같을 것입니다.
하나님이 악을 행하실 리 없고
전능하신 분께서 잘못을 저지르실 리 없습니다.
그분은 더도 덜도 말고, 딱 우리가 행한 그대로 갚으십니다.
사람은 언제나 뿌린 대로 거둡니다.
하나님이 악한 일을 하시거나
전능하신 분이 정의를 뒤엎으실 리 없습니다.
그분은 온 땅을 다스리시는 분!
온 세상을 한 손에 쥐고 계시는 분!
그분이 호흡을 불어넣지 않으시면
남녀노소 모두 공기가 부족하여 죽고 말 것입니다.

16-20 그러니 욥이여, 잘 생각해 보십시오.
누가 봐도 분명한 사실입니다.
질서를 싫어하는 자가 질서를 유지할 수 있겠습니까?

당신은 의롭고 전능하신 하나님을 감히 비난하는 것입니까?

하나님은 언제나 진실을 말씀하시는 분,

부패한 통치자들이 악당이자 범죄자임을 폭로하시지 않습니까?

그분이 돈 많고 유명한 자들을 편드시고 가난한 이들을 무시하십니까?

모든 이들에게 똑같이 책임을 다하시는 분이 아닙니까?

불시에 죽는 사람들은 그럴 만한 죄가 있는 것 아닙니까?

사악한 통치자들이 몰락하는 것은 피할 수 없는 운명 아닙니까?

대단하다는 사람들이 쓰러져 죽을 때,

우리는 하나님이 배후에서 일하고 계시다는 것을 깨닫습니다.

21-28 하나님은 모든 사람을 살피시고

사소한 것 하나도 놓치지 않으십니다.

그분의 눈을 속이고 악을 행하는 자들을 가려 줄 만큼

캄캄한 밤이나 깊은 어둠은 존재하지 않습니다.

하나님은 그들의 범죄를 입증할 증거를 더 모으실 필요가 없습니다.

그들의 죄는 명백한 사실이기 때문입니다.

그분은 고위인사나 유력인사들을 묻지도 않고 해임하시고

곧바로 다른 사람들로 그 자리를 채우십니다.

잘못을 저지르고 무사히 빠져나가는 사람은 없습니다. 하룻

밤 만에 판결문이 서명, 봉인, 교부됩니다.
그분은 모두가 볼 수 있는 탁 트인 곳에서
악한 자들을 그 악한 행위대로 처벌하십니다.
그들은 그분을 따르지 않고
그분의 길을 더 이상 생각하지 않기 때문입니다.
그들의 배교를 알린 것은 가난한 이들의 울부짖음이었습니다.
억눌린 이들의 울부짖음을 하나님이 들으신 것입니다.

29-30 하나님이 침묵하신다 한들, 그것이 당신과 무슨 상관이
있습니까?
하나님이 얼굴을 숨기신다 한들, 어찌하겠습니까?
그러나 침묵하시든 숨으시든, 하나님은 여전히 존재하시며
다스리시기에,
하나님을 미워하는 자들이 그분의 자리를 차지하여
사람들의 삶을 망치는 일은 없을 것입니다.

31-33 그러니 그냥 하나님께 실토하지 그럽니까?
이렇게 말하십시오. '내가 죄를 지었습니다. 다시는 죄를 짓
지 않겠습니다.
내가 아직 깨닫지 못한 것이 있다면 깨닫게 해주십시오.
그동안 저지른 악을 다시는 저지르지 않겠습니다.'
당신이 하나님 뜻대로 살고 싶지 않다고 해서,
하나님이 당신의 뜻대로 움직이셔야 합니까?

선택은 당신의 몫입니다. 내가 대신할 수는 없지요.
어느 쪽을 선택할 것인지 말해 보십시오.

34-37 생각이 올바른 사람들이 이구동성으로 하는 말,
내 말에 동의하는 지혜로운 사람들이 하는 말이 있습니다.
'욥은 헛똑똑이야.
터무니없는 소리만 지껄여 대지.'
욥이여, 하나님께 그렇게 못되게 말대꾸를 했으니
어디 구석으로 끌려가 호된 질책을 받아 마땅합니다.
원래 지은 죄에다가,
하나님의 징계에 저항하고
무엄하게도 하나님께 주먹을 휘두르며
전능하신 분을 여러 죄목으로 고발하는 죄를 더했기 때문입니다."

엘리후의 세 번째 충고

35

1-3 엘리후는 욥을 다시 공격했다.

"처음에는 '나는 하나님 앞에서 완전히 결백하다'고 하더니
그 다음에는 '내가 죄를 짓든 안 짓든
무슨 차이가 있겠느냐'고 말하니,
이게 말이 됩니까?

4-8 자, 분명히 말씀드리지요.

당신과 세 친구분은 지금

자신이 무슨 말을 하는지 모르고 있습니다.

하늘을 보십시오. 오래도록 열심히 들여다보십시오.

하늘 높이 떠 있는 구름들이 보입니까?

당신이 죄를 짓는다 한들, 하나님께 달라질 것이 무엇이겠
습니까?

당신이 아무리 큰 죄를 짓는다 한들, 그것이 하나님께 대수
겠습니까?

당신이 선하다 한들, 하나님이 거기서 무슨 득을 보시겠습니까?

그분이 당신의 업적에 의존하기라도 하신단 말입니까?

사람이 선한지 악한지에 관심을 갖는 사람들은

가족과 친구와 이웃뿐입니다.

하나님은 사람의 행위에 의존하지 않으십니다.

9-15 사정이 어려워지면 사람들은 도움을 청하며 부르짖습니다.

이리저리 차이는 신세에서 벗어나게 해달라고 부르짖습니다.

그러나 사정이 좋을 때는 하나님을 전혀 생각하지 않습니다.

하나님이 사람들의 마음에서 노래가 흘러나오게 하시고

온 세상을 과학교실로 삼으시며

날짐승과 들짐승을 통해 지혜를 가르치실 때도 마찬가지입니다.

사람들은 오만하게도 하나님께 관심을 갖지 않습니다.

그러다 곤경에 처하면 비로소 하나님을 부르지만,
이번에는 하나님이 그들에게 관심을 보이지 않으십니다.
그런 기도는 순간적인 두려움을 빼면 아무 실체가 없고
전능하신 분은 그런 기도를 무시하십니다.
그러니 당신이 하나님의 응답을 기다리다 지쳤고,
하나님이 세상의 문제들을 보시고 진노하셔서
뭔가 조치를 취해 주시기를 기다리다 지쳤다고 말한다 해서
하나님이 당신에게 눈길을 주실 것 같습니까?

16 욥이여, 터무니없는 소리만 하고 있군요.
그것도 쉴 새 없이 말입니다!"

36

1-4 엘리후는 심호흡을 하고 계속해서 말을 이어
나갔다.

"조금만 더 참고 들으십시오. 납득하게 될 것입니다.
하나님 편에서 할 말이 아직 남아 있습니다.
나는 이 모든 내용을 만물의 근원이신 분께 직접 배웠습니다.
정의에 대해 내가 아는 것은, 모두 나를 지으신 분이 알려
주신 것입니다.
믿어 주십시오. 나는 더하지도 빼지도 않고 진리만을 말할
것입니다.

정말입니다. 내가 속속들이 아는 내용들입니다.

5-15 하나님은 전능하시지만
무고한 사람을 힘으로 누르지 않으십니다.
악인들의 경우는 이야기가 다른데,
하나님은 그들을 본체만체하십니다.
하지만 그 피해자들의 권리는 보호하십니다.
하나님은 의인들에게서 눈을 떼지 않으시고
그들에게 아낌없는 영예를 베푸시며 끊임없이 높여 주십니다.
상황이 좋지 않을 때,
고난과 고통이 닥칠 때,
하나님은 무엇이 어디서 잘못되었는지 알려 주십니다.
그들의 교만이 문제의 원인임을 보여주십니다.
그들이 그분의 경고에 주목하도록 만드시고
잘못된 삶을 회개하라고 말씀하십니다.
그들이 그 말씀에 순종하고 그분을 섬기면
오래도록 풍족하게 살 것입니다.
그러나 불순종하면, 한창때 죽어
인생에 대해 조금도 알지 못하게 될 것입니다.
하나님을 모르는 성난 사람들은 불만을 토로하며
자신의 어려움에 대해 남 탓을 합니다.
성적 방종을 일삼으며 인생을 즐기다
정력을 낭비하고, 결국 한창나이에 죽고 맙니다.

그러나 고통을 통해 지혜를 배우는 사람은
하나님이 그 고통에서 건져 주십니다.

16-21 욥이여, 하나님이 절체절명의 위기에서
당신을 구해 내고자 애타게 호소하시는 모습이 보이지 않습
니까?
그분은 당신을 탁 트인 안전한 곳으로 이끌어 내셔서
좋은 것들이 가득한 잔치로 초대하고 계십니다.
그런데 지금 당신은 악인들의 죄악을 답습하며
하나님 탓하는 데 정신이 팔려 있습니다!
당신의 많은 재산에 헛된 기대를 걸지 말고
뇌물을 써서 빠져나갈 수 있다고 생각하지 마십시오.
돈을 바쳐 빠져나갈 계획이었습니까?
당치도 않습니다!
사람들이 고통을 잊고 잠드는
밤이 되면, 그나마 좀 나을 거라
생각하지 마십시오.
무엇보다, 더 많은 악을 저질러 사태를 악화시키지 마십시오.
지금 당신이 고통을 겪는 이유가 바로 그것입니다!

22-25 하나님이 얼마나 강한 분이신지 알기나 합니까?
그분처럼 위대한 스승이 또 어디 있습니까?
이제까지 누가 그분께 이래라저래라 한 적 있으며,

그분을 나무라며 '그거 완전히 잘못하셨네요'라고 말한 적이
있습니까?
그러니 수많은 사람들이 노래로 기리는
그분의 놀라운 일을 찬양하십시오.
누구나 그것을 봅니다.
아무리 멀리 있어도 다 볼 수 있습니다.

²⁶ 오래오래 찬찬히 살펴보십시오. 하나님이 얼마나 위대하
신지를.
무한하신 분, 우리가 상상하거나 이해할 수 있는 수준을 훌
쩍 뛰어넘는 분이십니다!

²⁷⁻³³ 하나님은 바다에서 물을 퍼다
맑게 걸러, 비구름 물통들을 가득 채우십니다.
그러면 하늘이 열리고
소나기가 퍼부어 모든 사람들을 적십니다.
이런 일이 어떻게 일어나는지,
그분이 구름을 어떻게 마련하시고 천둥 가운데서 어떻게 말
씀하시는지, 조금이라도 아는 사람이 있습니까?
번개를 보십시오. 하늘을 가득 채우고
깊고 어두운 바닷속을 비추는, 그분의 빛의 향연입니다!
이것들은 하나님의 주권과 관대하심,
애정어린 보살핌을 상징합니다.

그분은 표적을 정확히 겨냥하여
빛의 화살을 쏘십니다.
지극히 높으신 하나님이 악에 노하여
천둥소리로 호통을 치십니다."

37

1-13 "그 소리가 들릴 때마다, 내 심장이 멎습니다.
정신이 아뜩하여 숨조차 쉴 수 없습니다.
들어 보십시오! 그분의 천둥소리,
우르릉 쾅쾅 우렛소리로 말씀하시는 그분의 음성을 들어 보십시오.
그분이 지평선 이쪽 끝에서 저쪽 끝까지 번개를 보내시면
북극에서 남극까지 온 세상이 환해집니다.
뒤이어 천둥소리 가운데 그분의 음성이 메아리치니,
강력하고도 장엄합니다.
그분은 온갖 방식으로 거침없이 능력을 드러내십니다.
그 음성을 못 알아들을 자 없으니
천둥소리로 울리는 그분의 말씀 놀라울 따름이고
그분의 위업을 이해할 길이 없습니다.
그분은 눈에게 '땅을 덮어라!' 명하시고
비에게 '온 지역을 적셔라!' 명령하십니다.
누구도 비바람을 피할 수 없습니다.
누구도 하나님을 피해 달아날 수 없습니다.

눈보라가 으르렁거리며 북쪽에서 불어오고
얼음비로 땅이 꽁꽁 얼면,
들짐승도 피할 곳을 찾아
제 보금자리로 기어들어 갑니다.
하나님의 입김으로 얼음이 만들어지고
하나님의 입김으로 호수와 강이 얼어붙습니다.
하나님이 구름을 빗물로 채우시고
구름에서 사방으로 번개를 보내십니다.
하나님은 구름의 역량을 이리저리 시험하시고
그분의 말씀이 온 세계에서 이루어지도록 명하십니다.
징계나 은혜, 아낌없는 사랑을 베풀려 하실 때,
하나님은 구름에게 일을 맡기시고 그 일이 반드시 성취되게
하십니다.

14-18 욥이여, 듣고 있습니까? 이 모든 것을 주목해 본 적 있
습니까?
그 자리에 가만히 서서 하나님의 기적들을 되새겨 보십시오!
하나님이 이 모든 일을 어떻게 하시는지,
캄캄한 폭풍 속에서 어떻게 번쩍이는 번개를 만드시는지,
뭉게구름을 어떻게 쌓아 올리시는지 아십니까?
완전한 지성을 가지신 분의 이 모든 기적이 어떻게 가능한
지 아십니까?
찌는 듯 더운 날이면

고작해야 부채질이나 하는 게 전부인 당신이,
뜨거운 양철지붕 같은 하늘에
영향을 미칠 수 있다는 생각을 어떻게 할 수 있습니까?

19-22 당신이 그토록 똑똑하다면, 하나님께 어떻게 말씀드릴
지 가르쳐 주십시오.
우리는 아는 게 없어서 그 방법을 도무지 모르겠습니다.
내가 하나님께 대들 만큼 우둔한 줄 압니까?
그것은 화를 자초하는 짓이 아니겠습니까?
정신이 온전히 박힌 사람이라면 구름 한 점 없이 화창한 날에
해를 똑바로 쳐다보지는 않을 것입니다.
북쪽 산에서 찬란한 금이 나오듯,
위엄에 찬 아름다움은 하나님께로부터 흘러나옵니다.

23-24 전능하신 하나님! 우리 손이 닿지 않는 곳에 계신 분!
권능과 정의가 더없이 뛰어나신 분!
그분이 사람을 불공평하게 대하신다니, 생각도 못할 일입니다.
그러니 모두 깊은 경외심으로 그분께 절하십시오!
당신이 지혜롭다면 틀림없이 그분을 경배하게 될 것입니다."

하나님께서 욥에게 대답하시다

38 ¹ 마침내 **하나님**께서 사나운 폭풍의 눈에서 욥
에게 대답하셨다.

2-11 "어찌하여 너는 문제를 혼란스럽게 만드느냐?
어찌하여 너는 잘 알지도 못하는 말을 하느냐?
정신 차려라, 욥!
일어서거라! 똑바로 서라!
몇 가지 물어볼 테니
제대로 대답하여라.
내가 이 땅을 창조할 때 너는 어디 있었느냐?
네가 아는 것이 그렇게 많다니, 어디 말해 보아라!
누가 땅의 크기를 정하였느냐? 네가 모를 리가 없겠지!
누가 그것을 설계하고 치수를 정했느냐?
새벽별들이 일제히 노래하고
모든 천사들이 소리 높여 찬양할 때,
땅의 기초는 어떻게 놓였으며
그 주춧돌은 누가 놓았느냐?
아기가 태를 열고 나오듯 바닷물이 터져 나올 때,
누가 그것을 감독하였느냐?
바로 나다! 내가 그것을 부드러운 구름으로 싸고
밤에는 어둠의 이불로 안전하게 덮어 주었다.
그 다음에 바다의 활동 구역을 정해 줄 울타리,
빠져나가지 못할 튼튼한 울타리를 만들고 바다에게 이렇게
말했다.
'여기에 머물러라. 여기가 네가 있을 곳이다.
너는 이 안에서만 사납게 날뛸 수 있다.'

12-15 너는 아침에게 '기상' 명령을 내리고
새벽에게 '작업 개시'를 지시한 적이 있느냐?
그리하여 땅을 이불처럼 거머쥐고
바퀴벌레를 털어 내듯 악한 자들을 털어 버린 적이 있느냐?
해가 만물에 빛을 비추어
모든 빛깔과 형체가 드러나면,
악한 자들을 덮고 있던 어둠이 일제히 벗겨지고
그들의 악행이 훤히 드러난다!

16-18 너는 세상의 바닥을 본 적이 있느냐?
깊은 대양의 미로 같은 동굴들을 답사해 보았느냐?
죽음을 알기나 하느냐?
죽음의 깊은 신비를 푸는 실마리가 네게 하나라도 있느냐?
이 세상이 얼마나 드넓은지 아느냐?
짐작하는 바라도 있다면 어디 말해 보아라.

19-21 너는 빛이 어디에서 오며
어둠이 어디에 사는지 아느냐?
그것들이 길을 잃으면
손을 잡고 집에 데려다줄 수 있느냐?
물론 너는 알고 있을 것이다.
어릴 때부터 그것들과 같은 동네에서 자라
평생 알고 지낸 사이가 아니냐!

22-30 너는 눈이 만들어지는 곳에 가 보았느냐?
우박이 비축된 저장고를 본 적이 있느냐?
환난과 전투와 전쟁 때를 대비해
내가 우박과 눈을 준비해 놓은 무기고 말이다.
번개가 발사되는 곳,
바람이 시작되는 곳을 찾을 수 있느냐?
너는 누가 폭우를 위해
협곡들을 깎았다고 생각하느냐?
누가 천둥번개를 동반한 폭풍우가
지나갈 길을 내어
사람의 발길이 닿지 않는 들판과
사람의 눈길이 닿지 않는 사막에 물을 대고
쓸모없는 황무지를 흠뻑 적셔
들꽃과 풀로 뒤덮이게 하겠느냐?
비와 이슬의 아버지가 누구이며
얼음과 서리의 어머니가 누구라고 생각하느냐?
이런 놀라운 기상현상들이 저절로 일어난다는
생각 따위는 잠시라도 하지 않을 줄 믿는다만, 어떠냐?

31-33 너는 아름다운 북두칠성의 눈길을 사로잡을 수 있으며,
거대한 사냥꾼 오리온자리의 추적을 따돌릴 수 있느냐?
금성을 불러내어 네 길을 비추게 하고
큰곰자리와 작은곰자리 별들을 함께 불러내어 뛰놀게 할 수

있느냐?

너는 하늘의 별자리들을 조금이라도 아느냐?

그것들이 지상의 일에 어떤 영향을 미치는지 아느냐?

34-35 너는 구름의 주의를 끌어

소나기를 내리게 할 수 있느냐?

번개를 뜻대로 부리고

명령을 바로 수행했는지 보고하게 할 수 있느냐?

36-38 누가 날씨 분별하는 지혜를 따오기에게 주었으며,

폭풍을 감지하는 능력을 수탉에게 주었느냐?

땅이 바싹 말라 쩍쩍 갈라지고

땅바닥이 벽돌처럼 단단히 구워질 때,

구름을 헤아리고

하늘의 빗물통을 기울여 비를 내리게 할 만큼 지혜로운 자

가 있느냐?

39-41 너는 암사자에게 먹이를 사냥해,

보금자리에 웅크리고 있거나

주린 배를 안고 기다리는

새끼들에게 가져다주도록 가르칠 수 있느냐?

까마귀 새끼들이 먹을 것이 없어 날개를 퍼덕거리며

하나님께 부르짖을 때,

누가 그 어미들에게 먹이를 마련해 주느냐?"

39 ¹⁻⁴ "너는 산에 사는 염소가 새끼를 치는 달을 아느냐?

암사슴이 새끼 배는 것을 본 적이 있느냐?
암사슴이 새끼를 배고 얼마나 지내는지 아느냐?
몇 달 만에 만삭이 되어
몸을 구푸려 새끼를 낳는지 아느냐?
그 어린 것들은 잘 자라 금세 독립하고
어미 곁을 떠나 다시는 돌아오지 않는다.

⁵⁻⁸ 누가 들나귀를 풀어 주었느냐?
누가 우리의 문을 열어 녀석을 보내 주었느냐?
나는 녀석이 거닐 만한 광야와
뒹굴 만한 평지, 탁 트인 벌판을 마련해 주었다.
들나귀는 도성에서 마구를 찬 채 괴로움을 겪는 제 사촌들을 비웃고,
몰이꾼들의 고함을 듣는 일 없이
언덕을 누비며 마음껏 풀을 뜯고
푸성귀를 닥치는 대로 뜯어 먹는다.

⁹⁻¹² 들소가 너를 고분고분 섬기겠느냐?

자진해서 네 외양간에서 밤을 지내겠느냐?
녀석에게 네 쟁기를 매어
네 밭을 갈게 할 수 있느냐?
힘이 세다고 네가 들소를 신뢰할 수 있으며
놈에게 함부로 일을 맡길 수 있느냐?
들소가 네 말에 따라 움직일 거라고는
너도 기대하지 않을 것이다.

13-18 타조의 날갯짓은 부질없고
녀석의 깃털은 아름답지만 아무 쓸데가 없다!
타조는 딱딱한 땅바닥에 알을 낳고
비바람을 맞도록 흙먼지 속에 버려둔다.
그 알들이 밟혀 금이 가든지
들짐승들이 짓밟든지 신경 쓰지 않는다.
새끼가 나와도 제 새끼가 아닌 양 소홀히 다룬다.
타조는 어떤 것에도 개의치 않는다.
분명히 말하지만, 내가 타조를 영특하게 창조하지 않았고
분별력을 나누어 주지도 않았기 때문이다.
그러나 타조가 내달릴 때를 보아라. 어찌나 잘 달리는지
말과 기수를 우습게 여기며 크게 앞지른다.

19-25 말에게 힘을 주고
번쩍이는 갈기로 꾸며 준 장본인이 너더냐?

의기양양하게 달리며 대단한 콧김으로
간담을 서늘하게 하는 말을 네가 창조했느냐?
기운이 넘치는 말은 당장 달려가고 싶어 힘차게 땅을 박차다가
싸움터로 돌진한다.
위험을 두려워하지 않고
칼 앞에서도 물러서지 않는다.
화살통이 철커덕거리고
창이 쨍그랑거려도 요동하지 않는다.
흥분하여 몸을 부르르 떨다가 나팔이 울리면
전속력으로 질주한다.
나팔소리를 들으며 힘차게 히힝 하고 운다.
저 멀리서도 짜릿한 전투 냄새를 맡고
천둥처럼 우르르 울리는 전장의 함성을 듣는다.

26-30 매가 열상승기류를 타고 손쉽게 솟아오르며
날 수 있는 것은, 네가 가르쳤기 때문이냐?
네가 독수리의 비행을 명령하고
녀석에게 높은 곳에 둥지를 틀도록 가르쳤느냐?
그래서 높다란 낭떠러지에서도 잘 지내고
뾰족하고 울퉁불퉁한 바위 위에서도 다치는 법이 없는 것이냐?
독수리는 그곳에서 먹이를 찾고
아주 멀리 떨어져 있는 먹이도 찾아낸다.
길에서 죽은 짐승의 사체가 있는 곳이면 독수리가 주위를

맴돌고
그 새끼들이 죽은 짐승의 고기를 게걸스레 먹는다."

40

1-2 **하나님께서 욥에게 직접 따져 물으셨다.**

"이제 너는 어떤 말로 자신을 변호할 것이냐?
전능한 나를 법정으로 끌고 가서 고소할 참이냐?"

욥의 대답
3-5 욥이 대답했다.

"너무나 놀라워 말이 나오지 않습니다. 말문이 막혔습니다.
입을 열지 말았어야 했습니다!
말을 많이 했습니다. 지나치게 많이 했습니다.
이제 입을 다물고 귀를 열겠습니다."

6-7 **하나님께서 다시 폭풍의 눈에서 욥에게 말씀하셨다.**

"몇 가지 더 물어볼 테니,
똑바로 대답하여라.

8-14 무엄하게도 내가 잘못하고 있다고 말하는 것이냐?

네가 성자가 되겠다고 나를 죄인 취급하느냐?
네가 나와 같은 팔을 지녔느냐?
나처럼 천둥 속에서 소리칠 수 있느냐?
어디 한번 기량을 뽐내 보아라.
어떤 능력이 있는지, 무엇을 할 수 있는지 보자꾸나.
분노를 터뜨려 보아라.
오만한 자들을 표적으로 삼아 쓰러뜨려 보아라.
또한 그들을 굴복시켜 보아라.
악한 자들을 꼼짝 못하게 한 뒤 묵사발을 만들어 보아라!
거대한 묘지에 그들을 파묻어,
표석 없는 무덤 속 이름 모를 시체들이 되게 만들어 보아라.
그러면 내 도움 없이도 스스로 구원할 힘이 네게 있다고 인
정하고,
나는 기꺼이 뒤로 물러나 너에게 내 일을 맡길 것이다!

15-24 육지 괴물 베헤못을 보아라. 너처럼 내가 그놈도 만들
었다.
소처럼 풀을 뜯고 온순하지만,
그 허리의 힘과
배의 억센 근육을 보아라.
꼬리를 흔들면 백향목이 휘둘리는 것 같고
육중한 다리는 너도밤나무 같다.
골격은 강철로 만들어졌고

온몸의 **뼈**가 강철처럼 단단하다.
내가 만든 피조물 가운데 으뜸이지만
지금도 나는 그놈을 어린양처럼 여기저기 끌고 다닌다!
산에 덮인 풀들이 다 놈의 먹이고
들쥐는 놈의 그늘 아래서 뛰논다.
오후에는 나무 그늘 아래서 낮잠을 자고
갈대 습지에서 몸을 식힌다.
버드나무 사이로 부는 바람을 맞으며
나무 그늘 아래에 느긋하게 몸을 누인다.
강물이 흘러넘쳐도 꿈쩍 않고
요단 강이 세차게 흘러도 아랑곳없이 태연하다.
녀석을 애완동물로 키우고 싶은 마음은 없을 것이다.
집에서 기를 수도 없을 테니!"

41 1-11 "바다 괴물 리워야단을 낚싯대로 낚을 수 있겠느냐?

통발로 그놈을 잡을 수 있겠느냐?
올가미 밧줄과
닻으로 놈을 잡을 수 있겠느냐?
놈이 네게 살려 달라고 간청하겠으며
현란한 말로 네 비위를 맞추겠느냐?
네 밑에서 평생 심부름을 하며 너를 섬기게 해달라고

부탁하겠느냐?

그것을 애완용 금붕어처럼 노리개로 삼고

동네 아이들의 마스코트로 삼을 수 있느냐?

놈을 시장에 내놓고

손님들과 가격 흥정을 할 수 있겠느냐?

놈에게 화살을 퍼부어 바늘이 잔뜩 꽂힌 바늘꽂이처럼 만들
수 있겠으며,

그 거대한 머리에 작살을 쑤셔 박을 수 있겠느냐?

놈에게 손이라도 얹었다가는

무용담을 이야기하기는커녕 목숨도 부지하지 못할 것이다.

그런 엄청난 놈을 상대로 무슨 승산이 있겠느냐?

놈을 한번 보기만 해도 고꾸라지고 말 것이다!

노려보는 그놈의 얼굴을 보는 것만으로도 기가 꺾인다면,

내게는 어떻게 맞서겠다는 것이냐?

내게 덤볐다가 어느 누가 무사하겠느냐?

이 모든 것이 다 내 것이다. 내가 이 우주를 다스린다!

12-17 바다 괴물 리워야단에 대해 할 말이 더 있다.

그 어마어마한 체구, 그 빼어난 모습 말이다.

누가 그 단단한 가죽을 뚫으며

그 턱에 재갈을 물릴 수 있겠느냐?

흉포한 이빨들이 줄줄이 늘어서 있는데

누가 감히 그 턱을 열려고 하겠느냐?

놈의 자랑거리는 최강의 가죽이다.
그 무엇도 그것에 흠을 낼 수 없다.
놈이 자랑하는 가죽을 그 무엇도 뚫을 수 없고
어떤 무기나 비바람도 그것을 파고들 수 없다.
가죽 중에서 가장 두껍고 질겨,
결코 뚫리지 않는다!

18-34 놈이 콧김을 뿜으면 온 세상이 불로 환해지고
눈을 뜨면 동이 튼다.
그 입에서는 혜성들이 쏟아져 나오고
불꽃들이 부채꼴로 갈라져 나온다.
펄펄 끓는 가마에서 증기가 나오듯
놈의 콧구멍에서 연기가 뿜어져 나온다.
입김을 내뿜으면 화염이 이글거리고
그 아가리에서 불길이 흘러나온다.
그 몸은 온통 근육질, 단단하고 빈틈이 없다.
놈과 마주치는 것은 죽음과 짝을 이뤄 춤을 추는 꼴.
얼마나 건장하고 유연한지
온몸에 약점 하나 없다.
속속들이 강하고
바위처럼 단단해, 도무지 상처를 입지 않는다.
놈이 몸을 일으키면 천사들도 숨을 곳을 찾아 달아나고
거센 바람을 일으키며 휘두르는 놈의 꼬리를 피해 움츠러든다.

창과 작살도 그 가죽에 상처를 내지 못하고
꼴사납게 튕겨 나온다.
그 앞에서는 철봉도 지푸라기에 불과하다.
청동 무기는 말할 것도 없다.
화살이 날아와도 눈 하나 깜짝 않고
날아드는 총알은 빗방울 정도에 불과하다.
도끼를 불쏘시개 나뭇조각 정도로 취급하고
날아오는 작살을 우습게 여긴다.
장갑판을 댄 듯 튼튼한 놈의 배는 거침이 없고
바지선처럼 막강하여 저지할 수 없다.
심해를 휘저어 끓는 물처럼 만들고
달걀로 거품을 만들듯 바다를 젓는다.
한번 지나가면 빛나는 자취가 죽 이어지니,
대양에 회색 수염이 돋아난 듯 보일 것이다!
이 세상에 그와 같은 것이 없으니
녀석은 두려움을 전혀 모른다!
높은 자들과 강한 자들을 다 낮추어 보니
대양의 왕, 심해의 제왕이다!"

욥의 회개

42 ¹⁻⁶ 욥이 하나님께 대답했다.

"확실히 알겠습니다. 주께서는 무슨 일이든 하실 수 있고 누구도, 그 무엇도 주님의 계획을 망칠 수 없습니다.

주께서 '누가 이렇게 물을 흐리고,

아무것도 모르면서 상황을 혼란스럽게 만들며,

나의 의도를 지레짐작하느냐?' 하고 물으셨습니다.

자백합니다. 내가 그랬습니다. 내 능력 밖의 일에 대해 함부로 지껄였고,

내 머리로는 도무지 이해할 수 없는 경이로운 일들을 놓고 떠들어 댔습니다.

주께서는 '귀 기울여 들어라. 내가 말하겠다.

내가 몇 가지 물어볼 테니 네가 대답을 하여라' 하셨습니다.

인정합니다. 전에는 내가 주님에 대한 소문만 들었으나

이제는 내 눈과 내 귀로 직접 보고 들었습니다!

잘못했습니다. 용서해 주십시오.

다시는 그렇게 하지 않겠습니다. 맹세합니다!

다시는 전해 들은 말의 껍질, 소문의 부스러기에 의존해 살지 않겠습니다."

하나님께서 욥을 회복시키시다

7-8 하나님께서 욥에게 말씀을 마치신 후에 데만 사람 엘리바스에게 말씀하셨다. "나는 너와 네 두 친구에게 질렸다. 넌더리가 난다! 너희는 내 앞에서 정직하지도 않았고 나에 대해 정직하게 말하지도 않았다. 너희는 내 친구 욥과 달랐다. 너희가 해야 할 일이 있다. 수소 일곱 마리와 숫양 일곱

마리를 가지고 내 친구 욥에게 가거라. 그리고 너희 자신을
위해 번제를 드려라. 내 친구 욥이 너희를 위해 기도해 줄
것이고, 나는 그의 기도를 들을 것이다. 너희는 나에 대해
허튼소리를 했고 욥과 달리 내게 정직하지 않았으나, 욥의
기도를 봐서 나는 너희 잘못대로 갚지 않을 것이다."

⁹ 데만 사람 엘리바스, 수아 사람 빌닷, 나아마 사람 소발은
하나님께서 명령하신 대로 행했다. **하나님**께서 욥의 기도를
들어주셨다.

¹⁰⁻¹¹ 욥이 친구들을 위해 중보기도를 드린 이후에 **하나님**께
서 그의 재산을 회복시켜 주셨는데, 전보다 갑절로 돌려주셨
다! 그의 형제와 자매, 친구들이 모두 그의 집으로 와서 축하
해 주었다. 그들은 지난 일에 대해 참으로 안타깝게 생각한다
고 말하면서, **하나님**께서 허락하신 온갖 괴로움을 생각하며
그를 위로했다. 다들 집들이 선물을 푸짐하게 가져왔다.

¹²⁻¹⁵ 이후 **하나님**께서 욥에게 그 이전보다 더 많은 복을 내
리셨다. 그는 양 만 사천 마리, 낙타 육천 마리, 겨릿소 천
쌍, 나귀 천 마리를 소유하게 되었다. 아들 일곱과 딸 셋도
얻었다. 그는 첫째 딸을 비둘기, 둘째 딸을 계피, 셋째 딸
을 검은 눈이라고 불렀다. 그 지역에는 욥의 딸들만큼 아
리따운 여자가 없었다. 욥은 딸들을 아들들과 동등하게 대
우했고, 유산도 똑같이 나눠 주었다.

¹⁶⁻¹⁷ 욥은 백사십 년을 더 살면서 자손을 사 대까지 보았다!
나이가 많이 든 그는, 천수를 누리고 죽었다.